COMPTE RENDU DE LA SEPTIÈME SESSION

DU

CONGRÈS

DES

SOCIÉTÉS SAVANTES DE LA SAVOIE

TENU A MONTMÉLIAN LES 10 ET 11 AOUT 1885

CONGRÈS

DES

SOCIÉTÉS SAVANTES

SAVOISIENNES

Tenu à Montmélian les 10 et 11 Août 1885

COMPTE RENDU

DE LA SEPTIÈME SESSION

PAR

M. Pierre TOCHON

Secrétaire général du Congrès.

CHAMBÉRY

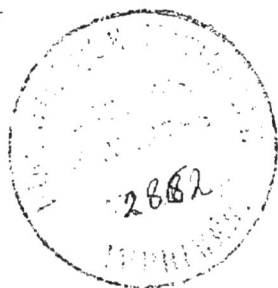

IMPRIMERIE MÉNARD, RUE JUIVERIE, HÔTEL D'ALLINGES

1885

LISTE ALPHABÉTIQUE

DES MEMBRES DU CONGRÈS

MM. D'ARCOLIÈRE, vice-président de l'Académie des sciences, lettres et arts de Savoie.

BORREL (l'abbé), secrétaire de l'Académie de la Val d'Isère, à Moûtiers.

BERLIOZ, pharmacien à Rumilly.

BLANCHARD Claudius, trésorier de l'Académie des sciences, lettres et arts de Savoie, Chambéry.

BRIOT, inspecteur forestier, Chambéry.

BUCHARD Gabriel, secrétaire général de la Société centrale d'agriculture de Chambéry.

CARRET Jules, député de la Savoie.

COUTEM, curé des Allues.

CONSTANTIN Aimé, secrétaire perpétuel de la Société florimontane d'Annecy.

DÉNARIÉ Gaspard, docteur-médecin, de Chambéry.

DROGUET.

DUCIS (le chanoine), archiviste de la Haute-Savoie.

DUVERGER DE SAINT-THOMAS (le baron), commandant en retraite, Chambéry.

Durandard, avoué, membre de l'Académie de la Val d'Isère.

Dubois-Melly, homme de lettres.

Gauthier, directeur des Ecoles laïques, secrétaire de la Société d'histoire et d'archéologie de Chambéry.

Girod, agent technique des hospices civils de Chambéry.

Grisard, architecte de la ville d'Aix-les-Bains.

Guillot, curé de la paroisse de Saint-Bon.

Rogex de Fernex (le comte), avocat, membre de l'Académie des sciences, lettres et arts de Savoie.

Finas-Duplan, avocat à Thonon.

Fivel, architecte, membre correspondant de l'Académie des lettres, sciences et arts de Chambéry.

Faga, architecte à Chambéry.

De Loche (le comte), membre effectif de l'Académie des sciences, lettres et arts de Savoie.

Loustau, ingénieur à Crépy-en-Valois (Oise).

De Maréchal de Lucinge, membre agrégé de l'Académie des sciences, lettres et arts de Savoie.

Morand, curé de la paroisse de Maché, secrétaire-adjoint de l'Académie de Savoie.

Mossière François, trésorier de la Société centrale d'agriculture de Chambéry.

Mugnier François, conseiller à la Cour d'appel de Savoie, président de la Société savoisienne d'histoire et d'archéologie.

Philippe Jules, député, membre de l'Académie florimontane d'Annecy.

Pillet Louis, avocat, président de l'Académie de Savoie, président du Congrès.

Piccard, 1er vicaire de la paroisse de Thonon.

PERRIN André, bibliothécaire de l'Académie des sciences, lettres et arts de Savoie.

SYLVOZ Charles, vice-président de la Société d'agriculture de Chambéry.

RABUT Laurent, professeur, conservateur du Musée départemental, Chambéry.

TOCHON Pierre, secrétaire général du Congrès, président de la Société centrale d'agriculture de Chambéry.

THOMAS Philibert, président du Comice agricole de Chambéry.

VALLIER Gustave, numismate de Grenoble.

VUY Jules, vice-président de l'Institut national Genevois.

COMPTE RENDU

DE LA SEPTIÈME SESSION

DU

CONGRÈS DES SOCIÉTÉS SAVANTES

DE LA SAVOIE

Tenu à Montmélian les 10 et 11 août 1885.

La ville de Montmélian, désignée pour être le siège du 7e Congrès des Sociétés savantes de la Savoie, a tenu à prouver à ses hôtes le plaisir qu'elle éprouvait à les recevoir.

Dès la veille la ville était pavoisée, et lorsque de bon matin les membres du Congrès sont arrivés à la gare, de joyeuses salves de boîtes se sont fait entendre. Le Conseil municipal tout entier, précédé de M. Bel, son sympathique maire, et de M. Bernard, son adjoint, étaient là pour souhaiter la bienvenue aux arrivants.

C'est précédé de la musique, faisant entendre les meilleurs morceaux de son répertoire, que le cortège a fait son entrée à l'Hôtel de Ville, où un confortable vin d'honneur était offert aux membres du Congrès.

La ville de Montmélian a conservé le souvenir de ses traditions historiques, et si ce qu'il lui reste de son antique importance ne lui permet pas d'avoir des hôtels de premier ordre, assez vastes pour recevoir un surcroît inaccoutumé de visiteurs, chaque habitant ouvre sa porte à deux battants pour offrir gracieusement l'hospitalité aux nouveaux arrivants.

C'est ainsi que les membres du Congrès ont été logés, sans réquisition, dans les meilleurs appartements de la ville ; ils y ont reçu l'accueil le plus simpathique. Votre Secrétaire général a l'agréable mission d'en exprimer la plus vive reconnaisance aux habitants de Montmélian.

Il était neuf heures, lorsque réunis dans la grande salle de l'Hôtel de Ville, on a procédé à la formation du bureau. En voici la composition :

Président : M. Louis Pillet, président de l'Académie des sciences, lettres et arts de Savoie ;

Vice-Présidents : MM. Mugnier, conseiller à la Cour d'appel, président de la Société d'histoire et d'archéologie de Chambéry; Jules Philippe, député de la Haute-Savoie ;

Secrétaire général du Congrès : M. Pierre Tochon, président de la Société centrale d'agriculture du département de la Savoie ;

Secrétaire-adjoint : M. Girod, agent technique des hospices de Chambéry.

M. Pillet, en prenant place au fauteuil de la présidence, remercie les membres du Congrès de la nouvelle preuve de bienveillance qu'ils venaient de lui accorder ; il donne ensuite la parole à M. Bel, député, maire de Montmélian, qui a prononcé l'allocution suivante :

MESSIEURS,

La date des 10-11 août 1885 sera, pour les habitants de Montmélian, une date mémorable. Elle fournira plus tard, pour son histoire, le sujet d'une page honorable, qui reliera la période actuelle aux anciennes périodes glorieuses de la cité.

Le choix qui a été fait cette année de Montmélian pour la tenue du Congrès scientifique, atteste sans doute, de la part de Messieurs les organisateurs du Congrès, un esprit de haute bienveillance envers la population et la municipalité de Montmélian, bienveillance dont nous leur sommes profondément reconnaissant, et dont nous les prions de recevoir la solennelle expression. Mais, ne semble-t-il pas juste aussi de reconnaître que ces Messieurs ont cédé en grande partie, en faisant ce choix, à un esprit de tradition équitable, tenant compte des preuves de patriotisme de la cité, désirant les remettre en mémoire chez les populations, et récompenser le présent pour les actes du passé?

Et, Messieurs, en faisant choix, pour l'installation des séances du Congrès, de l'ancienne résidence des ducs de Savoie, Messieurs les organisateurs n'ont-ils pas voulu donner, à un état de choses qui n'est plus, un souvenir qui, indépendant de tout esprit de retour, n'en est pas moins commandé par un désir justifié de classement des faits et des hommes.

En signalant ces vues et ces tendances, nous espérons être l'interprète des motifs qui ont déterminé Messieurs les organisateurs dans leur choix, comme nous sommes sûr de l'être des sentiments de reconnaissance qu'il a provoqués chez nos populations.

Ce choix, Messieurs, semble, en effet, se justifier à bien des titres. Montmélian est une cité peuplée de souvenirs. Quelles qu'aient pu être les modifications successives des couches de la population, à la suite de profonds bouleversements, des ruines, on peut dire, apportés par de nombreux incendies, à la suite des destructions presque complètes qu'ont entraînées les nombreux et longs sièges subis, cette population a pu se survivre à elle-même! Son esprit de patriotisme et d'indépendance s'est perpétué, et, par ce côté, Montmélian s'est maintenu en communication d'idées avec les autres cités de la Savoie. Il est un des représentants de l'ancienne indépendance savoisienne.

Dans la justification du choix de Montmélian pour la tenue du Congrès, veuillez permettre, Messieurs, que nous la complétions en appelant votre attention sur les droits à cette préférence, dans un autre ordre d'idées.

Autant que le leur avait permis la faiblesse des ressources dont elles avaient pu disposer à la sortie de l'écrasement des fortunes privées, les municipalités qui s'étaient succédé à Montmélian avaient témoigné de leur dévouement au développement de l'instruction dans la cité. Une grande part avait été prélevée chaque année sur leurs revenus, pour cette destination ; les budgets en font foi. Elles avaient d'ailleurs été aidées, dans cette œuvre, par la générosité éclairée de plusieurs de leurs glorieux compatriotes, en reconnaissance, sans doute, des bienfaits qu'ils avaient ressentis eux-mêmes de ces dispositions éclairées. Un souvenir d'hommage vénéré à ces glorieux bienfaiteurs.

Les municipalités avaient, disions-nous, pourvu dans les limites du possible aux besoins de l'instruction; mais, lorsque s'est ouverte pour notre pays l'ère des grandes entreprises, dans l'intérêt du progrès de l'instruction publique, la municipalité de Montmélian n'a pas hésité à se placer au premier rang des chefs-lieux de canton pour l'importance du concours à offrir à l'État, en vue de doter la cité d'établissements d'instruction. Elle n'a pas limité ses sacrifices sur le chiffre relativement faible de sa population, elle a visé la population de son important canton tout entier. Elle en est bien récompensée. Les écoles primaires supérieures de garçons et de filles du canton de Montmélian sont au premier rang des écoles cantonales supérieures du département.

C'est donc comme organe de la reconnaissance des habitants et de la municipalité de Montmélian, que nous avons l'honneur de prier Messieurs les membres des Sociétés savantes des deux départements, de vouloir bien agréer l'expression de notre reconnaissance.

M. le Président se fait l'interprète du Congrès, en remerciant M. le Maire de la ville de Montmélian des sentiments exprimés par M. Bel, et de la réception sympathique que reçoivent ses membres.

M. Pillet, après avoir déclaré la 7e session ouverte, fait donner lecture d'une lettre du docteur Mottard, exprimant le regret que, par des circonstances diverses, la Société d'histoire et d'archéologie de Maurienne ne soit pas représentée cette année au Congrès.

M. le Président rappelle que l'assemblée est appelée à désigner la ville où se réuniront les Sociétés savantes de la Savoie en 1886.

Sur la proposition de M. l'avocat Finas-Duplan, c'est la ville de Thonon qui recevra le Cougrès l'année prochaine. M. Jules-Marie Guyon en est nommé secrétaire général.

Se référant à l'ordre du jour, M. Louis Pillet lit un rapport sur les publications de l'Académie de Savoie depuis la réunion d'Albertville.

M. Mugnier, qui lui succède, énumère les travaux

de la Société savoisienne d'histoire et d'archéologie de Chambéry, dont il est président.

M. Jules Philippe lit un rapport sur les travaux de la Société florimontane d'Annecy.

M. Gabriel Buchard, secrétaire général de la Société centrale d'agriculture du département de la Savoie, fait connaître les travaux de cette Société pendant les dix dernières années.

M. Borrel (abbé) lit un rapport sur les études de la Société de la Val d'Isère, dont il est secrétaire.

M. Gauthier, secrétaire de la Société d'histoire naturelle de Chambéry, donne connaissance des études et des travaux de cette Société depuis la dernière réunion.

Chacune de ces lectures a mérité à leurs auteurs de chaleureux applaudissements.

La séance est levée à 11 heures et renvoyée à 2 heures après midi.

M. Jules Vuy, le sympathique vice-président de l'Institut national genevois, ouvre la série des lectures par une page de la Vie de saint François de Sales, prévôt de Genève. C'est un fragment d'un Mémoire plus étendu, qui sera publié dans son ensemble, et qui pourrait avoir pour titre : *Deux pages d'histoire de la fin du seizième siècle* (1588-1598).

C'est encore *un Procès de saint François de Sales* qui fait l'objet d'une lecture fort intéressante de M. Mugnier.

M. Philibert Thomas, président du Comice agricole

de Chambéry, qui lui succède, présente une Etude des causes du marasme actuel de l'agriculture.

Ses conclusions, qui consistent à proposer de faire des enfants de nos campagnes, non pas des jeunes gens brevetés, mais des hommes instruits, et de donner une plus grande extension à l'instruction agricole, sont contestés par MM. Bel, Jules Carret et Jules Philippe, qui soutiennent une thèse contraire.

M. Coutem, curé des Allues, donne ensuite lecture d'un Mémoire sur l'organisation municipale des Allues au XVIe siècle ; il intéresse vivement l'assemblée par les renseignements qu'il fournit sur les premières libertés octroyées à nos aïeux.

C'est M. Constantin, secrétaire perpétuel de la Société florimontane d'Annecy, qui clôt cette longue séance par une communication sur l'étymologie du mot *Huguenot*, et par une lecture sur les travaux de la Commission de géographie d'Annecy, relative à la rectification des noms de lieux.

Le mardi, dès 7 heures du matin, un auditoire nombreux se pressait dans la salle du Congrès pour assister à la conférence que devait faire M. le baron Perrier de la Bâthie, sur les maladies cryptogamiques de la vigne, et M. Tochon, sur les vignes américaines à bons fruits. L'absence de M. Perrier, retenu chez lui par un deuil de famille, a fait porter toute la conférence sur la seconde partie du programme.

On trouvera un résumé de cette conférence dans le corps du volume du Congrès.

A 8 heures, le Congrès reprend son ordre du jour.

M. Laurent Rabut s'est chargé d'agrémenter l'ouverture de la séance, en faisant passer sous les yeux des membres du Congrès des gravures originales, fort curieuses, sur les incidents qui ont présidé à la prise du fort de Montmélian, et différentes vues de la ville, pour la montrer sur ses diverses faces.

M. Jules Vuy a fait au Congrès trois communications. On les trouvera dans la publication des Mémoires réunis dans le présent volume.

M. Mugnier donne, après lui, la 2e série des *Trousseaux de mariées en Savoie*, dont la 1re série avait fait l'objet d'une communication au Congrès d'Albertville.

M. Gustave Vallier lit un Mémoire des plus intéressants sur l'origine des noms de l'Isère et de la Tarentaise.

Au Congrès d'Albertville, M. l'architecte Borrel, de Moûtiers, avait étudié les divers rouages des impôts en Tarentaise sous l'ancien régime.

M. l'abbé Ducis a voulu répondre aux assertions de M. Borrel en lisant à Montmélian un travail sur les impôts avant la Révolution. Ce travail plein d'intérêt sur l'affranchissement des serfs et la formation des communes, donne des renseignements circonstanciés sur les divers impôts qui grevaient le sol et les personnes à cette époque. Nous en donnons un résumé.

C'est M. l'abbé Borrel qui a été chargé par son cousin de répondre aux assertions de M. Ducis.

Dans ce Mémoire, que M. le Président avait proposé

de ne pas lire en l'absence de son auteur, M. Borrel recherche surtout la vérité historique, qu'il a traitée avec talent.

Sa lecture est suivie d'une longue discussion pour et contre les assertions impossibles à analyser des deux auteurs, qui du reste n'éclaircirait en rien la question en litige.

La séance se termine par une Note de M. Durandard sur M. François de Loctier, général commandant la milice nationale de Tarentaise lors de la guerre de 1536, et sur ses relations avec le duc de Savoie et la princesse Béatrix de Portugal.

A 2 heures, c'est encore M. Jules Vuy qui prend la parole pour étudier la valeur des formules employées dans la délivrance des diplômes décernés, à la suite d'examen, dans les diverses Universités.

M. Mugnier donne lecture d'un travail intitulé : *Le Carnet d'un capitaine recruteur au dix-huitième siècle.*

M. Guillot lit une légende et tradition sur l'église de Saint-Bon en Tarentaise, dont il est prêtre desservant.

M. Laurent Rabut rapporte les divers incidents qui lui ont fait découvrir une sépulture par incinération à Francin.

M. Briot lit un intéressant travail sur une Société d'économie alpestre en Savoie.

Enfin la séance se termine par une Notice de l'abbé

Picard, de Thonon, sur l'origine de la famille de la Harpe qui, d'après l'auteur, aurait pris naissance à Thonon.

Avant de clore les réunions du Congrès, M. le Président remercie M. le Maire et la ville de Montmélian du sympathique accueil que les membres du Congrès ont reçu dans cette cité hospitalière.

A 5 heures, un banquet réunissait à l'hôtel Bertier non seulement les délégués des Sociétés savantes de la Savoie et des villes voisines, mais encore un grand nombre de personnes de Montmélian qui avaient tenu, en assistant au banquet, à donner cette dernière marque de sympathie aux hôtes qui allaient les quitter.

Le dîner était bon et bien servi ; les vins de dessert, aussi nombreux que bien choisis, avaient été offerts par les propriétaires des célèbres vignobles de Montmélian et d'Arbin. Enfin la musique de la ville a agrémenté le repas des meilleurs morceaux de son répertoire.

Il y avait tant de motifs de s'oublier à table à entendre les toasts qui se sont succédé, qu'il était tard lorsque l'on s'est serré la main en se disant au revoir.

Le Secrétaire général du Congrès,

PIERRE TOCHON.

COMPTE RENDU SOMMAIRE

DES

TRAVAUX DE L'ACADÉMIE DE SAVOIE

1884-1885

PAR M. LOUIS PILLET

Depuis notre dernier Congrès à Albertville, en août 1883, l'Académie de Savoie a continué ses paisibles travaux.

Elle a publié deux volumes de Documents : *le Prieuré de Chamonix*, 2me partie. Ce sont des chartes relatives au prieuré et à la vallée de Chamonix, recueillies par notre zélé et regretté confrère Bonnefoy, publiées et annotées par M. André Perrin. Cette seconde partie comprend la période moderne, de 1400 à 1700 ; elle se compose de 108 chartes et pièces diverses, représentant, prises sur le vif, les franchises de la petite vallée perdue au sein des Alpes, son conseil de prud'hommes *(proborum virorum)*, prononçant même la peine de mort, les démêlés de la commune avec les seigneurs voisins, avec les prieurs de Chamonix et plus tard avec *le vénérable et inclyte chapitre de Sallanches*, auquel ce prieuré a été uni, en 1519.

Le second volume de Documents, publié en 1883, est d'un intérêt plus général : c'est le *Catalogue du médailler de Savoie* que possède le Musée départemental de Chambéry, avec une introduction sur le *Monayage et les ateliers monétaires en Savoie*, par M. André Perrin.

Ce catalogue avait été commencé pendant que l'Académie de Savoie était chargée, par le Conseil général, de la conservation du Musée. Notre Société avait pensé que la section la plus intéressante de nos collections numismatiques était celle des monnaies savoisiennes. Voulant en donner un catalogue modèle, elle emprunta de M. Promis, le savant conservateur du Musée de Turin, les matrices gravées de toutes celles que cet éminent numismate avait publiées ; elle put, avec son agrément, les intercaler dans le texte de son nouveau catalogue. Elle fit graver celles qui manquent au médailler royal de Turin. Elle a fait ainsi de ce volume un modèle de typographie et un manuel de numismatique savoisienne. Mais ce travail a pris plusieurs années, et ce n'est qu'en 1883 qu'il a été terminé, bien que, depuis l'année 1879, le Conseil général ait ôté à l'Académie la direction du Musée départemental.

Enfin, l'Académie de Savoie a publié, en 1885, le volume X de la 3me série de ses *Mémoires*.

Outre les rapports généraux sur la marche et les travaux de la Société, sur le concours de poésie de

1882, on trouve dans ce volume diverses études, tant de science que de littérature.

Dans le domaine des sciences, on lit un Mémoire sur le *Régime de circulation de la masse fluide du soleil*, beau travail d'astronomie par le Père Lamey, prieur du monastère des Bénédictins de Grignon (Côte-d'Or), membre agrégé de notre Académie.

Descendant de ces hauteurs, et tout à fait terre à terre, une étude sur l'*Urgonien supérieur* d'Aix-les-Bains, par le président de l'Académie.

Nous y rapporterons encore un travail sur Evian, l'histoire de ses sources minérales, la géologie de ses environs, par notre secrétaire perpétuel ; et enfin les *Aliénés en Savoie*, importante étude historique et statistique de M. Marie-Girod, membre correspondant de l'Académie.

Dans le domaine des lettres, le volume X contient un discours de réception de M. Charles Buet, intitulé : *les Savoyards chez eux et chez les autres*, avec la réponse du président.

Un savant travail historique et généalogique : *Antoine Champier, chancelier de Savoie, et sa famille*, par M. de Mareschal de Luciane.

Une note sur les *Derniers moments du poète Marc-Claude de Buttet*, par le comte d'Oncieu de la Bâthie. Le titre ne sert qu'à déguiser une délicieuse étude littéraire tirée du *Livre de raison* de noble Jehan de Pyochet de Salins, l'ami et presque le collaborateur de l'auteur de l'*Amalthée*.

Le volume se clôt par la *Petite chronique anonyme*

d'un habitant d'Annecy, de 1598 à 1628, signalée pour la première fois par le président de l'Académie.

Mais je ne veux pas m'attarder à ces trois volumes que vous avez tous entre les mains ; je dois surtout vous faire connaître des travaux non moins considérables qui ne sont point encore édités dans nos Mémoires.

Nous avons d'abord, dans la section d'histoire, un travail de M. le comte Amédée de Foras, d'après le baron Carutti, de Turin, sur les *Origines de la Maison de Savoie.* Ce sujet, si souvent traité, semblait épuisé. M. Carutti a su retrouver quelques chartes obscures qui nous donnent les noms de la femme, du père et de l'aïeul d'Humbert aux Blanches Mains, simples gentilshommes savoyards, sans rapport avec le fabuleux Bérold de Saxe.

De son côté, M. de Mareschal de Luciane a découvert, dans les archives de la ville de Chambéry, les procès-verbaux d'une session des États généraux de Savoie du 19 mai 1546, qui avait échappé à tous nos annalistes.

Dans son discours de réception, lu à la séance du 28 mai, M. Arminjon nous a communiqué des correspondances inédites de nos ducs de Savoie avec deux officiers de leur armée : M. de la Val d'Isère, général d'un corps de troupes en Tarentaise, et M. de Barillet, commandant de la forteresse de Montmélian. M. Arminjon s'est livré à une étude fort intéressante sur le système de recrutement avant 1792. M. le curé Morand a répondu au récipiendaire au nom de l'Académie.

M. le comte Fernex de Montgex, dans son discours

de réception lu à la même séance, s'est attaché à une période plus récente : il a fait une étude des œuvres de notre compatriote le chanoine Martinet, à la fois philosophe, moraliste et écrivain politique. Il a fait ressortir avec beaucoup d'éclat le mérite du penseur et la délicatesse de l'écrivain.

Passant à des événements de plus en plus récents, dans sa réponse, le président a apprécié les travaux juridiques du récipiendaire et surtout sa remarquable étude *sur la récidive*. A ce propos, il a jeté un coup d'œil sur la loi *pour la répression de la récidive*, qui vient d'être promulguée, et sur l'autre loi parallèle *pour prévenir la récidive*, qui était encore en discussion devant nos Chambres. L'Académie prouve ainsi qu'elle n'est étrangère à aucune question de l'histoire ou de la législation de notre pays depuis la période nébuleuse du Xme siècle jusqu'aux événements contemporains.

De même elle ne cesse de s'intéresser aux découvertes de la science : à ce titre, elle publie un nouveau travail du Père Lamey *sur les planètes Mars et Jupiter* et aussi *sur l'atmosphère du soleil.*

Comme elle est Académie des arts aussi bien que des sciences et des belles-lettres, elle a imprimé une grande étude de M. Barbier, *sur les mosaïques*, et spécialement sur l'œuvre de Salviati, qui décore le plafond du Hall, au Grand-Casino d'Aix-les-Bains.

Le volume qui contiendra ces diverses notices paraîtra avant la fin de l'année 1885.

Je ne sais s'il pourra nous donner d'autres travaux

qui demandent à être complétés par de nouvelles études.

Ainsi je puis vous annoncer sans indiscrétion une notice bibliographique fort intéressante *sur Jean de Tournes*, imprimeur à Lyon, puis à Genève, au XVIIe siècle, par M. Courtois d'Arcollière, notre vice-président. Elle nous donne de curieux détails sur la 3me édition de la *Chronique de Savoie*, de Guillaume Paradis, et sur le *Cavalier de Savoie.*

M. le curé Morand, secrétaire-adjoint, continue son *Histoire des Bauges.*

M. André Perrin, bibliothécaire, nous a lu un chapitre de son *Histoire de Chamonix.*

M. Théodore Fivel nous a communiqué une fort belle inscription romaine de Montgilbert, en Maurienne, dont il a cherché à compléter et à interpréter le texte, malheureusement bien fruste.

M. le marquis Tredicini de Saint-Sévérin nous a adressé un manuscrit fort curieux trouvé dans son château de Dullin : *Idées du sieur Antoine de Pavy pour les pièces de théâtre, en 1730.*

Enfin, avant la fin de cette année, nous publierons le IIe volume de l'*Histoire du décanat de Saint-André*, par M. le chanoine Trépier. Ce volume est resté en arrière depuis l'année 1878, où a paru le volume VIe de notre seconde série ; il en formera le volume VIIe et comblera une regrettable lacune dans nos publications. Il contient toute l'histoire ecclésiastique du diocèse de Chambéry depuis le XVIe siècle.

Avant de terminer, je dois vous rendre compte des

concours ouverts et des prix distribués par l'Académie de Savoie.

En 1884, elle a eu à juger un concours de poésie, avec 26 poèmes pour se disputer le prix. M. Descotes, secrétaire perpétuel, a rédigé le rapport, qui est lui-même une œuvre d'art et une œuvre de longue haleine.

Le prix a été mérité par M. Constant Berlioz, de Rumilly; une première mention honorable, par M. Amé d'Oncieu de la Bâthie, et une seconde par M. Jean Berlioz, frère de notre lauréat.

Nous avons eu à statuer, il y a quelques jours, sur le concours de peinture de 1885. L'Académie a décerné le prix à M. Simon, de Chambéry, pour son portrait peint à l'huile ; il avait exposé encore de bons paysages, de grandes études au crayon et une série de dessins autographiés, suivant un procédé de son invention. Elle a accordé un accessit à M. Chabert, pour un portrait à l'huile ; des mentions honorables à Mlle P., pour un dessin sur porcelaine; à Mlle Deville, pour des coupes modelées, et aux élèves de Mlle Chevron, pour l'ensemble de leur exposition.

Mais voulant donner une récompense toute spéciale à M. Rubellin, de Rumilly, pour ses tableaux de natures mortes, elle lui a décerné, sur ses fonds, une médaile de 100 francs.

Nous aurons encore à décerner le prix quinquennal de 750 francs, fondé par le général de Loche, qui sera attribué au meilleur travail sur l'histoire de la Savoie. Les concurrents se sont présentés nombreux au 1er janvier 1885, les uns avec des volumes imprimés, comme les chanoines Mercier et Poncet, d'Annecy, Fleury, de Genève, M. Borrel, architecte de Moûtiers ; d'autres, avec des manuscrits non moins volumineux. La commission aura à faire un long et rude travail pour juger du mérite de chacun : elle aura à vérifier l'exactitude des faits aussi bien que l'élégance de la forme. En couronnant une œuvre d'érudition, l'Académie engage sa responsabilité, elle se porte en quelque sorte garante des nouveaux documents qu'elle honore de ses suffrages. Aussi n'est-il pas étonnant qu'elle procède avec lenteur et que sa commission n'ait point encore présenté son rapport.

RAPPORT SUR LES TRAVAUX

DE LA

SOCIÉTÉ SAVOISIENNE D'HISTOIRE & D'ARCHÉOLOGIE

DEPUIS LE CONGRÈS D'AIX-LES-BAINS (1882)

PAR M. F. MUGNIER

Le président avait eu l'honneur de faire connaître, au Congrès d'Albertville, les travaux de la Société d'histoire et d'archéologie durant l'espace de temps qui s'était écoulé depuis le Congrès d'Aix-les-Bains. La note qu'il avait laissée à ce sujet a sans doute été égarée, puisqu'il n'en a pas été fait mention dans le compte rendu. Quoi qu'il en soit, reprenant nos indications à l'époque où nous les avons laissées au Congrès d'Aix-les-Bains de septembre 1882, nous dirons que le tome XXe des *Mémoires et Documents* de notre Société contient, outre les œuvres déjà énumérées, *Une Année de la Vie municipale de Rumilly (1689-1690)*. Ce travail de M. Mugnier renferme les délibérations du conseil de ville à la veille de l'invasion française de 1690, ses préparatifs trop présomptueux de défense, alors que les fortifications détruites par Louis XIII, en 1630, n'avaient pas été relevées, et l'indication des blessés et des morts à la prise de la ville, le 15 août.

Le tome XXIe, publié en 1883, renferme une série d'études anthropologiques sur les Savoyards, par M. le docteur Jules Carret, député de la Savoie, où l'auteur démontre que, de 1811 à 1870, la taille mesurée chez les conscrits de notre département s'est accrue de 6 centimètres en moyenne. Dans la deuxième et la troisième partie de son travail, M. Carret s'est occupé du *rythme des tailles* et du *rythme des mesures céphaliques*.

Viennent ensuite :

Une nouvelle monographie de MM. François Rabut et Auguste Dufour, présidents honoraires de la Société : *les Fondeurs de cuivre et les canons, cloches, etc., en Savoie*, avec un grand nombre de documents inédits ;

Des pièces historiques curieuses se rapportant à l'abbaye de Talloires, publiées par M. César Gaillard et annotées par M. Mugnier ;

Une notice de M. Marie-Girod, fort développée et riche en faits intéressants, sur la *Grande Congrégation de N.-D. de l'Assomption*, dite des *Nobles* ou des *Messieurs*, érigée à Chambéry en 1611.

Une *Charte inédite d'Amédée IV*, comte de Savoie (1234), publiée et annotée par M. Mugnier. Elle a pour objet la vente des eaux de la Laisse et de terrains s'étendant du pied du Nivolet jusqu'à Mérande, près de Chambéry.

Le volume se termine par une note de M. Laurent Rabut sur les *anneaux-disques* trouvés par M. Marie-Girod à la ferme des Combes, sur la route de Chambéry à Aix. Cette découverte, unique dans son genre en Savoie, a donné lieu à d'intéressantes discussions sur le point de savoir quelle était la destination véritable de ces objets : armes, outils ou plutôt simples ornements.

Le tome XXIIe, publié en 1884, renferme : la monographie du *Prieuré de Peillonnex en Faucigny,* par M. Mugnier, où nous devons signaler une charte inédite d'Amédée I, comte de Genevois, de juillet 1156; — *le Mariage d'Alphonse de Lamartine à Chambéry, le 6 juin 1820,* du même auteur; — *les Armuriers, les Fabricants de poudre à canon et les Armes de diverses espèces en Savoie,* par MM. A. Dufour et F. Rabut. Nos savants et patients confrères poursuivent, sans se lasser, leurs recherches sur les diverses industries de la Savoie. Leurs travaux seront une source abondante où, désormais, devront puiser tous ceux qui voudront étudier ou écrire l'histoire économique et industrielle de notre pays ;

Les Annales du Monastère de la Visitation de Rumilly (de 1703 à 1751), publiées et annotées par M. François Croisollet, l'auteur de l'*Histoire de Rumilly.* Ces récits naïfs des religieuses ne se bornent pas aux événements intérieurs du monastère, ils font connaître encore bien des faits se rapportant à l'histoire générale ;

La Généalogie de la famille de Lescheraine, l'une des plus anciennes et des plus importantes de la Savoie, par M. Marie-Girod. Elle commence à 1126 pour se terminer à notre époque.

Dans le tome XXIIIe, qui vient de paraître, la Société a publié d'abord un travail de M. Mugnier sur saint François de Sales, contenant quatorze lettres inédites du grand évêque de Genève, trois de son frère et successeur, une du président Favre et une de Mme de Charmoisy, inédite également, ainsi que d'autres documents et des renseignements peu connus sur la vie de l'évêque ; puis une *Centurie de Chartes*, de MM. A. Dufour et F. Rabut, sur les franchises diverses accordées par les princes de la Maison de Savoie aux pays soumis à leur domination en deçà des monts (Savoie, Bresse, Bugey, partie de la Suisse). Le titre seul de cette publication en indique l'importance capitale pour notre histoire nationale. Je ne puis, en passant, m'empêcher de payer un nouveau tribut d'éloges et de reconnaissance à nos infatigables confrères et compatriotes.

Le même volume contient encore une étude sur les *Franchises de Saint-Jeoire (Faucigny)*, d'un nouveau membre de la Société, M. Hippolyte Tavernier, et enfin, *le Couvent des Frères Prêcheurs de Montmélian*, par le Père J.-P. Mothon, dominicain. L'on trouvera dans cette monographie, à côté des faits spéciaux à Montmélian, de nombreux détails sur l'établis sement des Dominicains en France et en Savoie, ainsi que des renseignements généraux sur le fonctionnement de l'Ordre.

Outre ces diverses publications, l'on rencontre au *Bulletin des séances*, qui précède les *Mémoires* dans chaque volume, un certain nombre de documents inédits, de renseignements curieux et utiles.

Comme vous le voyez, Messieurs, la Société d'histoire a réussi à publier chaque année un beau volume. Celui de 1885 est le plus fort qu'elle ait encore édité ; il contient 718 pages. L'impression du tome XXIVe est commencée ; nous espérons qu'il ne sera pas inférieur à ceux qui l'ont précédé.

En terminant cette sèche analyse de nos travaux, je fais de nouveau appel au concours de tous les amis des sciences historiques et archéologiques. Notre Société les recevra avec empressement au nombre de ses membres.

Le Président :

F. MUGNIER,

Conseiller à la Cour d'appel de Chambéry.

RAPPORT DE M. JULES PHILIPPE

DÉPUTÉ

VICE-PRÉSIDENT DE LA SOCIÉTÉ FLORIMONTANE D'ANNECY

SUR

LES TRAVAUX DE CETTE SOCIÉTÉ

M. Jules Philippe, vice-président de la Société florimontane d'Annecy, rend compte des travaux entrepris par cette compagnie pendant les années 1883-1884, et le premier semestre 1885. Il signale les principaux articles publiés par la *Revue savoisienne*, organe de la Société. Il rappelle, entre autres faits importants, la perte éprouvée par cette dernière en la personne de Louis Revon, ce savant remarquable estimé de tous et dont les relations scientifiques s'étendaient dans l'Europe entière pour le plus grand lustre de la Société florimontane.

Le rapporteur signale aussi la transformation dont la *Revue savoisienne* a été l'objet depuis le 1er janvier 1885; elle a repris le format in-8°, en brochure, abandonnant la forme du journal qu'elle avait depuis vingt-cinq ans. Cette publication est placée aujourd'hui sous l'habile direction de M. Constantin, secrétaire de la Société, et que ses travaux philologiques ont rendu populaire.

Enfin le rapporteur donne quelques détails sur les fouilles entreprises en 1884 dans le lac d'Annecy, sur les emplacements lacustres, par la Société florimontane, avec l'aide du gouvernement et de l'administration des ponts-et-chaussées.

COMPTE RENDU

DES

TRAVAUX DE LA SOCIÉTÉ CENTRALE D'AGRICULTURE DE LA SAVOIE

Depuis l'année 1875 jusqu'à ce jour,

Par M. G. BUCHARD

Messieurs,

En conviant la Société centrale d'agriculture à assister à la réunion des Sociétés savantes de la Savoie, convoquées cette année à Montmélian, M. le Secrétaire général a bien voulu l'inviter à présenter au Congrès un compte rendu de ses travaux depuis 1875.

C'est pour répondre à ce désir que nous avons l'honneur de vous exposer ce qui suit :

Année 1875.

Sous les auspices de la Société d'agriculture, trois concours pour la taille de la vigne ont eu lieu à Betton-Bettonnet, Aix-les-Bains et Grésy-sur-Isère.

Des primes ont été accordées par la Société aux cultivateurs les plus méritants pour les séchoirs à tabac et les fosses à purin.

Sur l'initiative de la Société, on a encore organisé une exposition départementale de fromages de la Savoie. L'exposition d'ensemble envoyée au concours de Paris a obtenu une grande médaille d'or.

La Société s'est vivement préoccupée de l'invasion du phylloxéra dans le département. Elle a publié dans ses Bulletins un article de son honorable président M. Tochon, indiquant l'histoire de cet insecte, ses mœurs, son développement et les remèdes proposés pour le détruire.

La Société a cherché à amener les instituteurs des écoles primaires à donner des notions d'agriculture théorique et pratique aux élèves déjà assez instruits pour comprendre les leçons qui leur seraient données et en tirer parti. Pour assurer le succès de cette importante mesure, elle a voté une somme de 1,200 fr. qui a été distribuée en primes et médailles aux sujets les plus méritants, maitres et élèves.

Pendant l'année 1875, la Société a publié dans ses Bulletins divers rapports de M. Tochon sur l'industrie laitière dans le département de la Savoie, les courses du Congrès international de Montpellier; les modifications à apporter au régime actuel des fermes-écoles ;les résultats du concours de la vigne, etc., etc.

Année 1876.

La Société a continué de stimuler par des encouragements les concours pour la taille de la vigne et l'enseignement, par les instituteurs primaires, de la science agricole. Des subsides importants ont été votés dans ce but. Rien n'a été négligé pour faire réussir ces concours.

M. Barbier, directeur des douanes et membre honoraire de la Société, lui a fourni d'intéressants détails sur la situation de l'industrie séricicole en Savoie. Il a signalé avec regret la décroissance sensible de cette industrie. Cependant, il a reconnu que la production des vers à soie, en 1876, sans être brillante comme par le passé, pouvait être considérée comme celle d'une année ordinaire.

La Société a continué de suivre avec anxiété la marche progressive du phylloxéra dans divers pays. Elle a prêté un concours actif au Comité de vigilance institué à Chambéry. Elle a publié les meilleurs traités écrits dans ce sens, et notamment ceux de MM. Alphonse Rommier et Pulliat.

Année 1877.

On trouve dans le rapport présenté au Conseil général, au nom de la Société, les énonciations suivantes :

« La propagation de l'instruction agricole dans
« les campagnes, par les écoles primaires, a conti-
« nué d'absorber une bonne partie du budget de la
« Société.

« Afin de constater les efforts réalisés, nous avons

« publié l'historique de ce que le département de « la Savoie a fait jusqu'à présent dans ce but.

« Exposition universelle. — La Société centrale « d'agriculture s'est préoccupée des moyens de « faire représenter à l'Exposition universelle de « 1878 l'ensemble des produits agricoles du dé- « partement.

« C'est dans ce but qu'elle a fait, en son nom, « des déclarations pour l'exposition de nos céréales, « de nos vins, de nos fromages, de nos miels, de « nos laines, de nos instruments de culture et de « nos soies.

« Dès lors, toutes les fromageries de nos mon- « tagnes ont demandé à concourir. Il en a été de « même des producteurs de miel. La Société s'est « trouvée ainsi dans la possibilité d'abandonner « ces deux demandes d'admission en conservant les « autres.

« La Société a aussi pris l'initiative de préparer, « pour l'Exposition, une carte agronomique du dé- « partement. »

Nous verrons que ce dernier travail n'a pu être exécuté alors, et qu'il est seulement sur le point d'être livré à la publicité.

La Société a continué, en 1877, d'ouvrir des conférences pour la taille des vignes. Ces conférences ont eu lieu à Saint-Jean de Maurienne et à Saint-Pierre d'Albigny. Les cours ont été très suivis, et les leçons pratiques sur le terrain ont donné les meilleurs résultats.

Année 1878.

L'année 1878 est remplie par un grand événement, l'Exposition universelle,qui a absorbé toutes les préoccupations du monde industriel et agricole.

La Société d'agriculture de la Savoie y a figuré avec honneur dans la limite de ses facultés et de ses ressources. Son initiative et ses efforts y ont été couronnés de succès. Un certain nombre de prix ont été décernés à des exposants de la Savoie venus sous ses auspices. Il s'agissait des races bovines et ovines, ainsi que des bons vins blancs de Savoie.

Enfin, un diplôme, avec médaille d'or, a été accordé par le jury international à la Société centrale d'agriculture. Cette distinction est aussi flatteuse pour elle que pour le pays, dont elle a fait valoir les intérêts.

La Société a pris part au Congrès des Sociétés savantes, réuni en 1878 à Saint-Jean de Maurienne. Lors de cette réunion, des conférences ont été faites par MM. Tochon et Perrier de la Bâthie. Elles ont enseigné à de nombreux auditeurs quels étaient les insectes nuisibles pour la vigne et quelle conséquence désastreuse aurait pour le pays l'invasion du phylloxéra.

Année 1879.

Cette invasion du phylloxéra, que l'on ne croyait

pas jusqu'alors avoir à redouter en Savoie, a été signalée en 1879, d'une manière officielle, à la Croix-de-la-Rochette, aux Marches, à Chignin, à Saint-Jeoire et à Yenne.

Des mesures ont été prises immédiatement pour circonscrire autant que possible l'invasion de ce fléau, et pour aider les propriétaires de vignes et les vignerons à le combattre.

L'expérience ayant démontré que l'emploi des cépages américains, soumis à la greffe, était le meilleur moyen à employer pour regarnir facilement et avec sécurité les vignes détruites par le phylloxéra, des conférences ont été organisées par la Société pour populariser l'emploi de ces cépages. Un concours pratique de la greffe a eu lieu pour enseigner aux vignerons à tirer parti de ces plants américains.

Le concours régional agricole de 1879 s'est tenu à Chambéry. La Société d'agriculture, avec l'Académie des belles-lettres, sciences et arts de Savoie, a ouvert, à cette occasion, un concours collectif de plantes de serres chaudes et tempérées, de collections de légumes, de fleurs de saison, de conifères, d'arbustes verts, en même temps qu'elle appelait à y prendre part les industries qui se rattachent à l'ornementation des jardins.

Les résultats dus à cette double initiative de la Société d'agriculture et de l'Académie, ont dépassé leurs espérances. Le jury a décerné, avec l'assentiment de M. l'Inspecteur général représentant le

Ministère de l'agriculture, de nombreuses médailles d'or et d'argent aux exposants de cette catégorie.

D'ailleurs, le concours régional, qui était le troisième de ce genre tenu à Chambéry depuis l'annexion, a été remarqué pour son éclat. La prime d'honneur et le prix de culture ont été attribués à deux membres de la Société, MM. Perrier de la Bâthie et Pachoud. M. Veyrat, de Grésy-sur-Isère, a obtenu une médaille d'or pour ses vins, et M. d'Alexandry, une médaille d'argent pour le même produit. D'autres récompenses ont encore été accordées à plusieurs membres de la Société d'agriculture.

La Société, acceptant la mission qui lui a été confiée par la Société des agriculteurs de France, a disposé d'un prix de 2,300 fr., fondé par M. Droche, pour récompenser les serviteurs ruraux qui se signalent par leurs longs services dans la même maison et par leur moralité.

Un autre prix de 1,100 fr., détaché du legs de M. le comte de Lyonne, a fait l'objet d'un concours.

Afin d'établir que la Société prend sous sa protection et qu'elle encourage toutes les spécialités qui, de près ou de loin, se rattachent aux intérêts de l'agriculture, cette Société, sur le rapport de son président, a accordé à M. Stanislas Guiguet une prime de 100 fr. pour ses travaux de pisciculture au lac de la Girotte, sur le territoire de la commune de Hauteluce.

La Société a fait publier dans ses Bulletins plusieurs articles de son président, M. Tochon, faisant ressortir :

1° L'avantage de l'emploi des engrais chimiques pour l'agriculture ;

2° Les moyens d'améliorer les vins au moyen du sucrage de la vendange ;

3° L'utilité de fonder des écoles pour la laiterie ;

4° La description des meilleurs instruments agricoles et viticoles visités par lui à l'Exposition universelle ;

5° L'indication des échantillons des tabacs qu'il a remarqués à cette Exposition et le rang qu'y occupaient les tabacs de la Savoie ;

6° La description des divers procédés à employer pour la destruction du phylloxéra et pour regarnir les vignes détruites par cet insecte.

Année 1880.

M. Barbier, directeur des douanes, a signalé à la Société, dans un rapport spécial, l'état de décroissance, dans le pays, de l'industrie séricicole.

La Société voulant encourager les travaux de soufrage des vignes, a établi un concours entre les viticulteurs qui, ayant soufré régulièrement leurs vignes, auraient obtenu de ce procédé les meilleurs résultats. Des primes, variant de 20 à 50 fr., ont été offertes aux plus méritants.

Comme conséquence de cette mesure, un autre concours a été ouvert par la Société entre les machines à soufrer et les meilleurs soufflets inventés à cet effet en Savoie. Primes offertes variant de 10 à 30 fr.

On a ainsi obtenu la production d'une machine très simple, d'un prix peu élevé, qui atteint le but que l'on se proposait. Quant au concours pour le soufrage des vignes, s'il n'a réuni qu'un petit nombre de concurrents, cela provient de ce que l'oïdium, circonstance heureuse d'ailleurs, a épargné, en 1880, les vignes de la Savoie.

La Société se préoccupant de l'invasion toujours croissante du phylloxéra, a insisté pour l'emploi des cépages américains et réclamé l'intervention du Conseil général de la Savoie pour obtenir la circulation de ces plants dans le pays.

Année 1881.

Cette question du phylloxéra, si importante pour les propriétaires-vignerons de la Savoie, a continué, en 1881, d'être l'objet de toute la sollicitude de la Société, comme elle le sera les années suivantes jusqu'à ce que ce fléau ait cessé d'affliger le pays.

La Société a publié les rapports de son président, indiquant la situation phylloxérique de l'arrondissement de Chambéry, ainsi que les résultats des travaux du Comité de vigilance. M. Perrier de la Bâthie a consigné dans un rapport les renseignements qu'il a recueillis en qualité de délégué de la Société au Congrès phylloxérique de Lyon.

La Société s'est fait représenter au concours régional d'Annecy. Elle a contribué, par ses allocations, à augmenter l'importance de cette fête agricole.

La Société a publié un intéressant traité de son président, M. Tochon, relatif au sucrage des marcs de raisin et au sucrage des vendanges, opération destinée à augmenter le produit des vignobles qui sont si maltraités, depuis quelques années, par la gelée, la grêle, la coulure ou l'invasion des insectes.

— La question relative au reboisement des montagnes et, en particulier, à l'extinction des torrents qui désolent certaines parties de la Savoie, étant à l'ordre du jour dans les préoccupations du gouvernement, la Société a fait ressortir l'importance de ces travaux pour certaines régions de la Savoie, en publiant la statistique forestière du pays, l'historique et le but des travaux de reboisement dont s'occupe avec activité l'administration forestière.

Année 1882.

Cette question a continué d'être agitée en 1882. La Société a fait publier, dans ses Bulletins, des articles indiquant les essences forestières qui, comme le melèze et le pincembro, doivent, suivant l'altitude et l'exposition, être préférées pour les travaux de reboisement.

Elle a signalé à l'attention publique les services rendus au pays depuis l'annexion par la nouvelle administration forestière, et ceux qu'on est fondé à attendre de cette administration et de la mise en pratique du nouveau régime forestier.

La Société a fait publier les comptes rendus de ses délégués au Congrès phylloxérique de Bordeaux, aux congrès viticoles de Valence, Montpellier, Nîmes, etc., afin de tenir les viticulteurs de la Savoie au courant des découvertes signalées dans ces réunions pour l'amélioration des vignobles.

La Société s'est fait rendre compte des grands travaux entrepris par l'Etat, le département ou les communes, pour l'endiguement et le colmatage de l'Isère, ainsi que pour la création ou l'amélioration des routes et chemins si favorables à l'industrie agricole, travaux qui portent jusqu'au fond de nos montagnes la circulation et la vie.

Les travaux du nouveau cadastre n'ont pas échappé à sa sollicitude. Elle a publié les résultats obtenus par les agents des contributions directes chargés de surveiller et de diriger ces importants travaux. Des tableaux statistiques insérés dans les Bulletins trimestriels de la Société font connaître la distribution, en Savoie et par chaque commune, des divers genres de culture.

Enfin, la Société, reprenant le projet qu'elle avait conçu en 1877, de faire exécuter une carte agronomique du département, a chargé son secrétaire de préparer et de confectionner ce travail, en s'aidant de tous les plans, documents et renseignements qui pourraient en assurer l'exactitude.

Ce travail a été entrepris immédiatement et poursuivi sans interruption conformément aux instructions de la Société.

Année 1883.

En 1883, un concours de la greffe a été organisé par la Société et a obtenu un plein succès.

La Société a publié dans ses Bulletins les observations présentées par M. le marquis de la Serraz, l'un de ses membres, au sujet de la valeur des blaches comme engrais. D'après les résultats signalés par M. de la Serraz, la préférence donnée par les vignerons à l'engrais de la blache sur celui de la paille est pleinement justifiée. Des expériences faites par M. Joulie, fabricant d'engrais chimiques à Paris, établissent que l'engrais de la blache contient une plus grande quantité de potasse que la paille de blé.

La Société a continué d'affirmer l'intérêt qu'elle porte aux travaux de sylviculture s'appliquant à la Savoie, et notamment aux travaux de reboisement des montagnes entrepris par les agents de l'administration forestière. Elle a publié non-seulement la statistique forestière du pays, mais encore des études relatives à l'exploitation des forêts et à leur ancien état prospère dans les montagnes de la Savoie; d'autres études signalant les dévastations causées dans les Alpes par les torrents à la suite de la destruction des forêts; la nécessité d'y remédier, soit au moyen de reboisements destinés à arrêter le glissement des terrains, soit en regazonnant les parties dénudées qui peuvent cependant servir au pâturage. En même temps, ces études démontrent l'utilité de créer des associations laitières pour tirer le meilleur parti possible de ces pâturages et intéresser ainsi les populations des montagnes à l'amélioration de ces terrains.

— La Société s'est fait représenter au concours horticole et au concours régional de Bourg, ainsi qu'au concours régional de Digne. M. Sylvoz, vice-président de la Société, lui a rendu compte des observations qu'il a faites pendant une tournée qu'il a entreprise dans le département de l'Hérault pour y visiter les vignobles. Ce rapport a été publié.

— La Société a accordé un subside à une nouvelle Société, dite *Société horto-agricole*, qui vient de se fonder à Chambéry. Elle suit avec intérêt et elle encourage les travaux de cette Société.

Année 1884.

La Société d'agriculture continue de se préoccuper de l'état des vignobles de la Savoie. L'état de souffrance des vignes ne fait qu'empirer. De mauvaises saisons, l'invasion des insectes ou d'autres maladies compromettent de plus en plus cette source importante de revenus pour les propriétaires de la Savoie.

En attendant que de meilleurs jours reviennent pour les propriétaires de vignes, M. Tochon, président de la Société d'agriculture, a publié un important ouvrage sur la vinification, ouvrage ayant pour titre : *Conseils et renseignements aux vignerons et aux propriétaires de vignes, sur l'art de faire le vin et de lui conserver ses qualités.* La Société a fait insérer cet excellent ouvrage dans son Bulletin.

— La Société s'est fait représenter aux conférences viticoles de Villefranche par MM. Tochon et Sylvoz. Ces messieurs ont publié les observations et les renseignements qu'ils ont recueillis dans ces réunions.

— La Société a fait également publier :

1° Un important travail de M. Sylvoz sur la conduite des vignes en hautins, opération si importante en Savoie, où ce genre de culture est très répandu ;

2° Des études relatives à l'exploitation des montagnes pastorales ;

3° Des tableaux statistiques indiquant quelle est l'importance de la population rurale et agricole en Savoie ;

4° Un article indiquant le développement qu'a pris dans ce pays, depuis l'annexion, la culture du tabac et les avantages que cette culture procure aux cultivateurs.

— La Société s'est fait représenter par son président au congrès international phylloxérique tenu à Turin. Le compte rendu de cette importante réunion a été publié dans ses Bulletins trimestriels.

— La carte agronomique du département de la Savoie a été remise à la Société par son secrétaire, qu'elle avait chargé de faire ce travail. On a pris les précautions qui pouvaient donner toute l'exactitude désirable à ce travail. L'intervention officieuse de MM. les agents forestiers dans sa préparation donne à ce travail une sérieuse valeur. Ladite carte va être prochainement publiée. Elle sera accompagnée de renseignements statistiques destinés à la compléter.

Année 1885.

La Société centrale d'agriculture de la Savoie ne pouvait demeurer insensible au cri de détresse qui s'est élevé de tous côtés, en France, au sujet de la crise agricole. Ces souffrances ont d'ailleurs leur écho en Savoie.

Plusieurs séances de la Société ont été consacrées à l'examen des questions que soulève cette crise douloureuse. Dans une importante réunion qui a eu lieu le 13 décembre 1884, réunion à laquelle assistaient plusieurs membres du Conseil général et du Conseil d'arrondissement, des membres des Comices et de nombreux membres de la Société d'agriculture, ces questions, qui intéressent si vivement l'agriculture, ont été traitées à fond.

A la suite de cette réunion, des observations ont été présentées au Ministère de l'agriculture au sujet des mesures à prendre pour protéger l'agriculture en souffrance et lui venir en aide.

Ces discussions intéressant le pays à un haut degré, ont reçu toute la publicité désirable.

La Société a fait continuer les cours de greffe, afin de rendre plus pratique l'usage des cépages américains comme porte-greffes. Pour en rendre l'enseignement plus pratique, la Société a fait venir à ses frais un maître-greffeur du Beaujolais. Il a donné des leçons à Chambéry, Chignin et Saint-Pierre d'Albigny. Ce cours a été continué à Grésy-sur-Isère par M. Veyrat. Le grand nombre d'élèves venus à ces leçons, a démontré combien cette mesure, si utile au pays, était appréciée par les vignerons.

A la suite de ces cours, M. Sylvoz a fait, le 22 février dernier, une conférence relative à la culture des vignes en treillages, d'après le système qui porte son nom.

Cette conférence, d'un grand intérêt pour les viticulteurs, avait pour objet :

1° Le sulfatage des bois employés pour poteaux de vignes ;

2° La fabrication économique des poteaux en ciment ;

3° Les qualités de l'Othello, plant américain à produit direct, et l'avantage de le conduire à long bois.

Cette conférence a été résumée dans le Bulletin de la Société.

La Société, désirant encourager le développement et l'amélioration de l'industrie laitière, et prêter ainsi un utile concours à l'administration forestière qui a entrepris la réalisation de cette utile mesure, a alloué une subvention de 500 fr. à la commune de Valloires, arrondissement de Saint-Jean de Maurienne, pour créer une fruitière modèle sur le territoire de cette commune.

Il y a tout lieu de croire que cette création sera le signal d'autres travaux du même genre dans les Alpes de la Savoie, et qu'en améliorant les laiteries, on leur donnera de plus importants produits, ce qui engagera les montagnards à entretenir et à améliorer leurs pâturages. Par les avantages qui en seront la conséquence, on retiendra dans le pays des populations disposées à émigrer.

De son côté, l'administration forestière, en poussant dans cette voie les communes alpestres, cherche à les intéresser aux travaux ayant pour but le reboisement des terrains qui glissent sur les pentes rapides, et le regazonnement des autres terrains mis à nu par des abus de pâturage. La Société ne peut que s'associer à la réalisation de ces grands travaux qui intéressent le pays.

En résumé, vous trouverez sans doute, Messieurs, d'après cet exposé, que la Société centrale d'agriculture de la Savoie, pendant cette période de dix ans, a rempli avec zèle et dévouement, sous la direction de son honorable président, M. Tochon, la mission qu'elle s'est volontairement imposée: défendre les intérêts de l'agriculture quand ils lui paraissent menacés ; éclairer les populations agricoles et viticoles sur leurs véritables intérêts ; encourager, au moyen de primes, les meilleurs modes de culture, ainsi que la fabrication et l'emploi d'instruments agricoles perfectionnés ; stimuler les cultivateurs à améliorer leurs terres, les propriétaires de bétail à entretenir les meilleures races et les plus utiles ; leur enseigner à tirer de leurs propriétés tout le parti possible.

En outre, la Société a cherché, par les publications émanant de son président et de ses membres, à répandre les notions les plus utiles pour l'agriculture et la viticulture, et à tenir les agriculteurs au courant des progrès de la science moderne.

Montmélian, le 10 août 1885.

Le Secrétaire général de la Société centrale d'agriculture de la Savoie,

BUCHARD.

COMPTE RENDU

DES

TRAVAUX DE LA SOCIÉTÉ D'HISTOIRE NATURELLE

DE LA SAVOIE

PAR M. L. GAUTHIER

La Société d'histoire naturelle de la Savoie s'est plus particulièrement occupée, cette année, de géologie et de minéralogie.

Ces branches des sciences naturelles semblent d'ailleurs convenir mieux que les autres à une Société qui, comme celle de Chambéry, se trouve placée au centre d'une région montagneuse, riche en fossiles et en échantillons minéralogiques tous aussi variés que remarquables.

D'autre part, la belle salle de géologie que possède la Société d'histoire naturelle est maintenant si bien organisée, si bien pourvue, qu'elle exerce une sorte d'attraction sur tous les amateurs des sciences naturelles.

Il est difficile de ne pas aimer la géologie et la minéralogie lorsqu'on est en Savoie, et qu'on a à sa disposition les magnifiques collections du Muséum d'histoire naturelle de Chambéry.

Parmi les plus remarquables communications sur ces sujets, il faut placer d'abord les études de M. le docteur Hollande, président de la Société.

Dans une première communication, M. Hollande décrit l'horizon de l'ammonites ténuilobatus en Savoie ; il montre qu'à Chanaz, ce terrain est au-dessous du 2e niveau à hexatinellides, et des calcaires lithographiques à térébratus insignis. L'horizon à ammonites ténuilobatus se montre encore dans les mêmes conditions au Grand-Colombier de Culoz.

Au val du Fier, au mont Vuache et dans la chaîne du Credo, il se retrouve, mais dans des conditions stratigraphiques différentes.

M. Hollande communique à ce propos des croquis explicatifs relevés sur les lieux.

Dans une deuxième communication, le même géologue étudie la question si intéressante et si controversée des limites du Jura en Savoie. M. Hollande établit qu'une grande faille partant du massif de la Chartreuse et passant au col de Lélia, à Saint-Cassin, à Chambéry et à Méry, est la ligne de séparation du Jura méridional et des Alpes calcaires qui touchent Chambéry. « Les dernières ramifications décrivent à l'ouest de cette ligne des chaînes légèrement arquées, dont l'allure générale est celle d'une voûte rompue à l'ouest. C'est ainsi que se présentent le mont Hauteron, le Corbellet, le Clergeron, le mont Grellé, le mont du Chat, le Colombier de Culoz, le mont Chaffaron, etc. »

L'orographie de ces montagnes, leur stratigraphie, leur faune et leur flore, présentent une différence radicale avec les montagnes calcaires voisines des Bauges ou du massif de la Tournette.

Dans son étude générale du Jurassique, M. Hollande décrit le lac purbeckien qui a existé à l'époque secondaire.

Ce splendide lac d'eau douce s'étendait sur le Jura depuis le Guiers-Vif jusqu'à Neuchâtel ; il ne mesurait pas moins de 230 kilomètres de long sur 40 à 50 kilomètres de large.

Les traces de ses limites peuvent être suivies très facilement.

Du sommet des roches calcaires qui dominent Montmélian, un spectateur, contemporain des ammonites, eût pu contempler un admirable panorama, dont seuls les bords du Léman peuvent maintenant donner une idée.

La vie apparut dans le lac avec des gastéropodes, des acéphales, des poissons ganoïdes et des cypris.

« Cette faune du lac purbeckien est caractérisée par la petitesse de tous les individus qui la composent. »

Toutefois, M. Hollande a découvert dans les dépôts du lac, au Mollard-de-Vions, une grande carapace de tortue mesurant $0{,}47^{m}$ de longueur sur $0{,}40^{m}$ de largeur.

En terminant cette remarquable communication, M. Hollande examine comment le lac purbeckien a pu être habité, et d'où venaient les espèces animales caractéristiques qui pendant des siècles ont vécu dans les eaux purbeckiennes.

Il refuse d'admettre une création miraculeuse spéciale au profit de ce grand lac, et il trouve dans la théorie du transformisme une explication suffisante pour donner la raison des formes animales si diverses que présente la faune du purbeck.

Parmi les communications concernant la minéralogie, il faut citer celle de M. Lachat, ingénieur en chef des mines.

Ce membre a présenté à la Société un intéressant Mémoire sur un « fragment de jaspe recouvert de petits rhomboèdres d'un carbonate nickélifère. »

On est de plus en plus en plus porté, en minéralogie, à assimiler les oxydes de cobalt et de nickel aux bases qui donnent naissance à des carbonates rhomboédriques.

Déjà M. de Sénarmont a obtenu, par voie humide, des cristaux artificiels de carbonate de nickel et de carbonate de cobalt ; les uns et les autres rhomboédriques.

Toutefois, la confirmation des résultats obtenus par M. de Sénarmont n'a pu encore être faite d'une manière positive en ce qui concerne l'oxyde de nickel.

M. Lachat a découvert, parmi les échantillons déclassés du Musée de Chambéry, un fragment de jaspe rouge recouvert d'espèces minérales du nickel et de petits rhomboèdres verts, dans lesquels l'existence du nickel à l'état de carbonate ne semble pas douteuse.

Ce fragment est sans indication d'origine ; il provient d'anciennes collections données au Muséum par les rois de Sardaigne.

L'analyse au chalumeau a nettement prouvé à M. Lachat que les petits rhomboèdres du fragment étaient du carbonate de nickel.

Chauffés à la flamme du chalumeau, ils donnent un résidu vert olive très sombre, qui accuse une proportion de plusieurs centièmes d'oxyde de nickel.

Au contraire, ils doivent contenir fort peu de fer, puisqu'il suffirait d'une faible proportion de cette substance pour donner au résidu une couleur noire qu'il n'a pas.

Ainsi, la découverte de ces petits rhomboèdres naturels, confirme pleinement le rattachement de l'oxyde de nickel au groupe des bases à carbonates rhomboédriques.

M. Pillet, secrétaire de la Société d'histoire naturelle, a communiqué une analyse générale, et magistralement traitée, des travaux et du rôle des Congrès scientifiques français en 1885.

Cette étude est très intéressante. Parlant du but à peu près identique que poursuivent un certain nombre de Sociétés savantes, M. Pillet se demande, avec beaucoup d'autres personnes, s'il n'y aurait pas lieu de profiter des Congrès régionaux pour proposer et demander la fusion de toutes les Sociétés similaires. Cette fusion ne serait-elle pas un moyen d'arriver à une organisation plus puissante, permettant d'aborder avec succès les difficultés que l'on rencontre dans tous les genres d'études, et que les petits groupes d'amateurs sont généralement impuissants à surmonter ? M. Pillet est un apôtre convaincu de la fusion des Sociétés savantes dans la plus large mesure possible.

Le même membre a présenté à la Société un Mémoire très important sur les anciens glaciers. M. Pillet a pu lui-même, après de bien nombreuses excursions, reconnaître les traces des anciens glaciers des Alpes. Ce relevé lui a permis de signaler diverses erreurs de détail qui se sont glissées dans la grande et belle carte que le géologue genevois Favre a publiée sur ce sujet, avec l'apui et les encouragements du gouvernement fédéral. Le travail de M. Pillet sur les anciens glaciers constitue une monographie complète de la dernière période glaciaire de la Savoie.

L. GAUTHIER.

ACADÉMIE DE LA VAL D'ISÈRE

RAPPORT DU SECRÉTAIRE AU CONGRÈS DE MONTMÉLIAN

1885

PAR M. L'ABBÉ BORREL

MESSIEURS,

Celui qui vous présentait chaque année le rapport sur les travaux de l'Académie de la Val d'Isère, et que vos suffrages ont appelé plusieurs fois à l'honneur de vice-président de nos Congrès, le chanoine Alliaudi, n'est plus. Sa mort a fait un grand vide dans les rangs de la Société, qu'il présidait depuis dix-huit ans, c'est-à-dire depuis qu'elle avait été fondée. Il en dirigeait les travaux avec cette autorité qui s'attache toujours au savoir uni à la dignité de la vie. Travailleur infatigable, doué d'une nature calme et sereine, qui le préservait de ces exagérations d'où naissent trop souvent les polémiques ardentes, il a constamment mis sa plume au service de ce qui était pour lui le vrai et le bien ; et l'on peut affirmer que, si dans sa carrière d'écrivain il a trouvé des adversaires, il n'a pas rencontré un seul ennemi.

La perte de cet homme de bien, de ce modeste savant que vous avez connu et apprécié, n'a cependant pas été irréparable. Il a eu pour successeur au fauteuil de la présidence de l'Académie de la Val d'Isère, Sa Grandeur Mgr Pagis, l'éminent évêque de Tarentaise. Il fut désigné à tous les suffrages par son passé consacré à l'enseignement des sciences, et notamment des sciences philosophiques; par le zèle qu'il déploie pour le développement de l'enseignement scientifique et littéraire à tous les degrés ; par son talent d'écrivain, où il montre les plus remarquables qualités : clarté parfaite, pureté irréprochable, sobriété sans sécheresse, élévation sans emphase : c'est bien ce que les anciens désignaient sous le nom d'atticisme, et que nous appelons aujourd'hui style académique.

Outre la perte de M. Alliaudi, nous avons encore à déplorer la mort de plusieurs autres membres : MM. Pont, chanoine; Trésallet, curé en retraire; Plassiard, chanoine.

Heureusement ces vides ont été comblés, et nous avons ouvert avec plaisir nos rangs à : MM. Richermoz, professeur; Fodéré, docteur en médecine ; Collin, ancien notaire ; Bérard, négociant et homme de lettres; Coutem, curé ; comte Greyfié de Bellecombe ; Revel, juge au tribunal de Moûtiers ; Dufour, général en retraite à Turin.

Après avoir parlé de notre personnel, je vous dirai deux mots de nos travaux.

Nos séances mensuelles sont remplies par des discussions se rattachant à l'histoire locale, des communications intéressant le pays et la lecture de Mémoires rentrant dans notre programme.

Parmi les communications qui ont été faites, je signalerai celles de M. Borrel, architecte : 1° sur la découverte d'un procès-verbal de visite pastorale de Mgr Anastase Germonio, le seul que l'on possède de l'illustre prélat ; 2° sur la découverte, à Fessons-sous-Briançon, de tombeaux antiques renfermant des squelettes dont les bras sont garnis de nombreux bracelets ; ces tombeaux paraissent remonter à une très haute antiquité ; 3° sur des entreprises à forfait, datant du XVIIe siéle, en vue de réparations à faire aux églises des Allues, de Blay et à la chapelle de Saint-Martin de Belleville ;

De M. Trémey : 1° sur la découverte, aux archives de l'évêché de Tarentaise, de registres de l'état civil remontant au XIVe et même au XIIIe siècle ; 2° sur la découverte d'une carrière de pierres lithographiques à Saint-Marcel ;

De M. Durandard : sur la découverte de pièces de monnaies anciennes à Saint-Martin de Belleville.

Les Mémoires et Documents qui ont été lus sont :

1° Un acte notarié, portant constitution de dot, par M. de Seyssel, comte de Cevins, en faveur de sa fille, religieuse Clarisse du couvent de Moûtiers en 1664, par M. Borrel, architecte ;

2° Une étude de M. le docteur Laissus, sur les propriétés curatives des eaux de Brides-les-Bains ;

3° Le pouillé de Tarentaise, relativement aux églises de Pralognan, du Planey et de Val de Tignes, par M. Trémey ;

4° La féodalité en Tarentaise avant le XIVe siècle, par le même ;

5° Un article bibliographique sur les ouvrages de M. le chanoine Pont, par le même.

6° Deux lettres inédites de Mgr Anastase Germonio, traduites de la *Nuova Rivista di Torino*, par M. Borrel, professeur ;

7° Formule de serment prêté par Guillaume V de Riddes, abbé de Tamié, en 1645, par M. Borrel, architecte ;

8° Biographie du docteur Abondance, par M. Laissus ;

9° Détails nouveaux sur les impôts dans la vallée de Bozel sous les archevêques de Tarentaise, par M. Garin ;

10° Rectifications de quelques erreurs qui se sont glissées dans l'*Histoire du Prieuré de Bellentre*, par M. Savarin ;

11° Monographie de la chapelle de Saint-Antoine, à Saint-Bon, par M. Guillot.

Il ne faudrait donc pas nous juger par les publications trop rares que nous vous adressons. Depuis le dernier Congrès, nous n'avons publié qu'une livraison : c'est la 1re du 4e volume des *Mémoires*. Elle renferme :

1° Un Mémoire intéressant de Mgr Turinaz, sur la famille de Pierre de Tarentaise, pape sous le nom d'Innocent V ;

2° Des épisodes de la période révolutionnaire dans la vallée de Bozel, par M. Garin;

3° Une homélie de saint Avit, par M. Borrel, architecte.

Mais plusieurs de nos membres ont publié à leurs frais des travaux importants. Je signalerai l'ouvrage de M. Borrel, architecte, sur les monuments historiques de la Tarentaise, et celui de M. Garin, sur l'histoire ecclésiastique de la vallée de Bozel.

Nous reconnaissons humblement que nous vous sommes redevables : vous nous donnez plus que nous ne vous rendons. Nous ne sommes cependant ni inactifs, ni ingrats. Notre situation financière un peu difficile est la seule cause de la rareté de nos publications. Le monument historique de Saint-Martin d'Aime absorbe depuis longtemps la plus grande partie de nos ressources. Nous venons de le céder à l'État, mais les négociations et les formalités ont été fort longues. Elles vont enfin être terminées, et l'on nous a fait espérer pour le mois de septembre prochain le mandat tant désiré. Une fois à l'aise au point de vue financier, nous publierons les Mémoires qui attendent dans nos cartons, et nous aurons le plaisir de vous donner plus souvent de nos nouvelles

JPH-EMILE BORREL,
Secrétaire de l'Académie de la Val d'Isère,
à Moûtiers.

UN
CAPITAINE RECRUTEUR
AU XVIIe SIÈCLE
(BORDS DU LAC D'ANNECY, 1672)

LE CARNET D'UN CAPITAINE RECRUTEUR

(Bords du lac d'Annecy, 1672)

Par Fr. MUGNIER

Conseiller à la Cour d'appel, Président de la Société savoisienne d'histoire et d'archéologie, Membre de la Société florimontane.

I

L'un des modes de recrutement des armées aux siècles derniers a été le racolage. On y employait d'ordinaire des soldats sans scrupule, les sergents recruteurs, qui s'aidaient d'individus valant encore moins qu'eux. Les racoleurs avaient recours à une foule de ruses ou d'expédients détestables, pour arriver à faire *boire à la santé du Roi* les malheureux sur qui ils avaient jeté leur dévolu. La santé du souverain, le roi de France, *Son Altesse Royale* en Savoie, portée par la recrue, même en état d'ivresse, constituait de sa part un engagement suffisant et indissoluble. Les sergents gardaient sous clé, *au four*, disait-on, les prétendus engagés volontaires, que l'on dirigeait ensuite sur les corps auxquels ils étaient destinés. La plupart se résignaient; et, après quelque temps d'apprentissage de la vie militaire auprès des anciens, ils devenaient à leur tour de braves soldats (1).

Il ne semble pas que dans notre pays les choses soient jamais allées aussi loin ; cependant c'est bien après boire, et quelquefois par surprise, que furent recrutés les hommes de la compagnie du capitaine de Quoex.

C'était en 1672. Le duc de Savoie Charles-Emmanuel II était en guerre avec les Génois; le 7 août, ses troupes commandées par le vieux comte Catalano Alfieri subirent une sanglante défaite à Castelvechio. Il y eut d'abord dans le pays un sentiment de stupeur, mais il se produisit presque aussitôt comme un élan national pour réparer ce grave échec. Le départ de la flotte française de Marseille pour la rivière du Ponent inquiéta les Génois et suspendit leurs succès. Le Duc en

(1) Le 17 mars 1704, le général français de Tessé publia une ordonnance prescrivant dans chaque paroisse une espèce de conscription destinée à remplacer les engagements forcés :

« René Sixte de Froullay, comte de Tessé, etc., général de l'ar-
« mée de S. M. Louis XIV sur les frontières de Savoie et de Piémont:

« Le roi ayant donné ses ordres dans tous les pays de sa domi-
« nation pour faire fournir par les paroisses un certain nombre
« modique d'hommes qui, sans préjudicier au commerce et à la cul-
« ture des terres, suffise pour recruter ses armées et pour entre-
« tenir les régiments de milice qui ont été mis sur pied, et S. M.
« voulant que cet établissement si salutaire par la cessation des
« enrôlements forcés ait lieu dans le pays de Savoie comme dans
« tout le reste de ses Etats...... Ordonnons au syndic de la pa-
« roisse nommée au bas de notre présente, de fournir le nombre
« d'hommes pour lequel elle s'y trouve employée, auquel le sort
« sera tombé d'entre les garçons ou jeunes hommes mariés de la
« dite paroisse, etc... et il leur sera fourni l'équipement nécessaire.

Signé : « Le maréchal de Tessé.

Au bas : « La ville de Chambéry fournira 23 hommes. »

(Archives du Sénat de Savoie.)

profita pour réorganiser rapidement quelques régiments provinciaux et se procurer des régiments d'ordonnance.

Il trouva quelques troupes en Bavière chez l'Electeur son beau-frère ; des nobles niçois levèrent le régiment de la *Marina* (du Littoral) ; quelques gentilshommes piémontais en recrutèrent en Suisse et en Allemagne. Un autre, au moins, fut levé en Savoie par le marquis Rouer de Saint-Séverin, qui avait peut-être assisté à la défaite de Castelvecchio (1).

Le temps pressait ; aussi celui que la commission donne aux gentilshommes qui s'engagent à lever des régiments dont ils seront les colonels, est-il fort court : vingt jours, un mois. Nous n'avons pas retrouvé le traité conclu entre le gouvernement et M. de Saint-Séverin, mais évidemment il était semblable à ceux qui furent passés avec les comtes Mazzetti, Fossati, etc., et qui sont publiés dans le grand *Recueil de Duboin* (2).

Ces régiments sont composés de 600 hommes divisés par compagnies de 60, ou de 500 hommes, par compagnies de 50. Le chef du régiment en nomme, à ce moment, tous les officiers ; il lui est alloué parfois 20 livres pour chaque soldat rendu au lieu de réunion, parfois 24 livres ; le Duc doit fournir les armes, c'est-à-dire les mousquets, bandoulières (3), piques et halle-

(1) Gaspard fils de François de Saint-Séverin. — Giunta l'ora suprema.... Dietro loro viene il conte Catalano coperto di corazza, colla spada in pugno ; dopo lui seguono i marchesi d'Este, di Livorno, e Della Pierre, i conti di Magliano, *di Roero*. (E. Ricotti. *Storia della Monarchia piemontese*, t. VI, p. 211).

(2) T. XXVI, f. 1108, 1110, 1112, 1116.

(3) Nous verrons cependant que M. de Quoex fournit les bandoulières et les épées.

bardes. Les soldats bavarois recevront une paye de 5 gros par jour, soit 15 kreutz de Bavière (1).

Le régiment de M. de Saint-Séverin était plus considérable, il comptait au moins 700 hommes. Nous possédons, en effet, le brevet de capitaine de la 14e compagnie de 50 hommes de ce régiment. On voit, par l'examen de ce titre, qu'à son départ du Piémont M. de Saint-Séverin avait dû recevoir tous les brevets en blanc, et qu'il les garnissait lui-même du nom du titulaire lorsque celui-ci avait amené ses 50 soldats (2).

Il y avait alors à Annecy et à Talloires une famille de petite noblesse, ayant peu de fortune, mais assez bien douée sous le rapport de l'intelligence, ayant fourni des dignitaires au prieuré de Talloires, des magistrats au Conseil de Genevois et des soldats éprouvés. Un membre de cette famille, Amé ou Aimé de Quoex, fils du contrôleur général des guerres en Savoie, Antoine Bernardin de Quoex, et marié à Claudine Ducrest, était en 1672 avocat au Sénat de Savoie. Il résidait, semble-t-il, dans sa petite propriété de Talloires : un procès de sa tante (Claudine de Quoex, femme du médecin Aimé Mermier) l'ayant appelé à Chambéry en août 1672, il y entendit parler du projet de recrutement d'un régiment par le marquis de Saint-Séverin, avec qui sa famille avait quelques rapports.

(1) En 1625, la solde du soldat national avait été fixée à quatre ducatons, de 13 florins l'un, par mois, soit environ 5 sous par jour. Pour apprécier exactement la valeur de cette solde, il faudrait connaître quelles étaient au juste les charges du soldat.

(2) V. Document 2.

Il se présenta à lui, et, abandonnant sa clientèle, toute négative sans doute, contracta le 6 septembre un engagement par lequel il devait recruter avant la fin du mois, à raison d'environ 23 livres par homme, une compagnie dont il serait le capitaine.

Peut-être Aimé de Quoex avait-il fait la guerre en France. Nous avons trouvé dans ses papiers un *laissez passer* du 2 août 1657, signé à Stenay par Le Tellier, délivré au sieur de Quoex (sans prénom), cavalier au régiment de Qualin (Coislin), s'en allant pour se faire traiter d'une blessure qu'il a reçue au siège de Montmédy (1).

M. de Quoex se mit aussitôt à la besogne, et au temps fixé, il put conduire sa compagnie à Chambéry. Il a tenu jour par jour, sur un petit carnet, le compte détaillé de ses opérations ; on y voit qu'il a deux préoccupations principales : celle d'avoir réuni sa compagnie pour la fin de septembre, et celle d'empêcher qu'aucune de ses recrues ne puisse contester la valeur de son engagement. C'est pourquoi il inscrit soigneusement les noms des personnes qui ont vu ceux qu'il appelle *ses soldats* boire à la santé de S. A. R., du colonel et du capitaine. S'il éprouva quelques velléités de résistance, elles furent peu nombreuses ; tous, à peu près, ses engagés le suivirent volontiers. L'un d'eux, Guillaume Coudurier, s'écrie même que *ni femme, ni enfants ne l'empêcheront de le suivre à la guerre*. Le curé de Talloires et surtout celui de

(1) Montmédy ne fut pris par les Français que le 5 août 1657. (Henri Martin, *Hist. de France*, t. XII, p. 490).

Montmin lui furent d'un grand secours ; c'est à leur table ou bien à l'hôtellerie, mais en leur compagnie, qu'il fait le plus de recrues. « M. le Curé a commencé « à la santé de S. A. R., puis du marquis de Saint-« Séverin, puis de moi capitaine, ce qu'on a fait tous à « la ronde ; je leur ai dit que je leur étais bien obligé « de me faire des soldats si braves et de se donner si « facilement à moi ; ils se sont tous tenus pour engagés « et ont tous chanté allègrement. »

Suivant l'usage, chaque soldat s'était donné, ou avait reçu de ses camarades, un surnom sous lequel il devait être, dès ce moment, exclusivement connu : *la Jeunesse*, *la Rose*, *l'Allégresse*, *la Verdure*, etc., etc. (1).

La compagnie est enfin constituée. M. de Quoex a un lieutenant, le sieur Gros, d'Annecy; deux sergents, Laperrière et Moennoz, et un tambour. Pour que rien ne manque, il a même engagé un jeune musicien en qualité de *chirurgien*.

Un avocat de Chambéry, M. Favre, son parent, craignant que des soldats rassemblés de la sorte ne s'échappassent en route, lui conseilla de passer par les Bauges, afin d'éviter les villes (2). Il n'en fit rien, et sa troupe arriva intacte le 1er octobre à Chambéry, où il ne se produisit qu'une seule réclamation.

Au moment du départ, une recrue de La Thuile ne s'étant pas trouvée présente, l'on s'était saisi de son

(1) Après le siège de Rumilly de 1690, divers soldats français moururent dans cette ville ; ils ne sont inscrits sur le registre des décès que sous leurs surnoms, *la Rose*, etc. (*V. Une Année de la vie municipale de Rumilly*, p. 68, 69, 70.)

(2) Voir pages 22 et 23.

frère que l'on avait amené à Chambéry à sa place. Dès son arrivée, sans doute, il porta plainte, car le 2 octobre, le commandant de la ville manda devant lui le capitaine et son soldat. Bien que M. de Quoex ne le dise pas, il faut croire qu'il dut licencier sans retard le récalcitrant.

Le même jour, le capitaine est à son hôtel, entouré de ses hommes, qu'il vient d'armer et d'achever de vêtir en militaires. Il leur jette, en grand seigneur, quelques écus pour boire *à l'honneur de sa santé*; mais il a soin de noter l'importance de ses largesses. Son opération n'a pas été lucrative ; il en ressent un dépit qui perce à plusieurs reprises, surtout quand il revient de Chambéry sans y avoir rencontré son colonel, ou qu'il est forcé de rentrer à Talloires par *une pluie du diable*.

Le régiment du marquis de Saint-Séverin se rendit bientôt en Piémont. Il n'eut pas à faire la guerre, car, grâce à l'intervention de Louis XIV, la paix avait été conclue entre Charles-Emmanuel II et les Génois. Après avoir séjourné quelque temps à Asti, le régiment fut licencié.

En décembre 1672, M. de Quoex prêtait, par-devant un notaire d'Asti, la somme de 40 livres au sergent Laperrière pour rentrer en Savoie, et il reçut lui-même, le 14 mars 1673, pour se retirer dans son pays, un passeport (1) qui est en même temps un témoignage de ses bons services.

M. de Saint-Séverin fut nommé colonel du régiment

(1) Voir Document 3.

de *Chablais* par patentes du 20 novembre 1675. En 1682, il était gentilhomme ordinaire de la chambre de S. A. et capitaine dans l'Escadron de Savoie.

L'orthographe du capitaine de Quoex indique qu'il n'avait reçu qu'une assez médiocre éducation littésaire. On peut en induire aussi qu'il n'avait guère exercé sa profession d'avocat.

Les cinquante hommes qu'il recrute appartiennent à peu près tous aux trois communes de Veyrier, Talloires, Montmin, sur la rive droite du lac d'Annecy. Certes, les tables copieusement servies, les brocs de vin souvent renouvelés et les gaies chansons attirèrent quelques hommes; mais il n'en a pas moins fallu que ces paysans eussent l'esprit bien belliqueux, ou que leurs ressources fussent bien restreintes, pour qu'ils se soient résolus avec un pareil entrain à quitter leurs familles et leur pays. Il est vrai que les terres de cette région appartenaient presque toutes à l'abbaye de Talloires ou aux seigneurs de Menthon et de Duing, et que l'émigration s'imposait, alors déjà, chaque hiver; pour les montagnards de Montmin surtout.

Les noms ont peu changé depuis 1672. Les moines de Talloires ont disparu avec la Révolution française; mais les familles Moënnoz sont restées, et aussi les Adam, les Ruland, Maniglier, Suscillon, Conte, Cottin, Varey, Gardet, Mermier, Vitoz, Bernard et Laperrière.

II.

Carnet du capitaine de Quoex.

Du 6 septembre 1672.

Jour de mardy.

Estant à Chambéry p[r] les affaires de ma tante Mermier j'ai pris party avec le seig[r] marquis de St-Severin qui m'at fait l'honneur de me bailler une Compagnie dans son régiment d'infanterie p[r] le service de S. A. R. soubs les conditions que ferois 50 soldats, qu'il me bailleroit pour la levée à raison de 5 escus blancs (1). Il est vray qu'ayant veu l'affaire et tout distrait, il ne me revient de liquide que 1,409 florins (2), comme jay veu payer des aes cap[es] [des autres capitaines] (3). Quand jescris cecy ie suis quasi en fievre continue parce que j'ay peur de ne pouvoir pas treuver lesdits 50 soldats, n'ayant encore peu treuver ny lieuten[t], ny sergent, ny soldats ; et c'est le 8 que j'escris ce qui m'est arrivé ledit 6me, et iusques à cest heure de onze, jour 8 de septembre.

Du 8 septembre 1672.

Je suis party de Nicy p[r] Talloires à dessein d'aller faire des soldats, en passant par Véry (Veyrier), i'ay esté descendre chez la veuve Richard, j'ai envoyé prendre les trois de Quoex (4), le père et les enfans, Rolet l'aisné et Anthoine le cadet, le père ie ne scay pas son nom (il a nom Pierre).

Nous nous sommes mis à table. Il est survenu tout premier

(1) Les écus d'argent valaient de 4 livres à 5 livres et 18 sols. Bailly, *Traités des laods et des servis.*

(2) Le florin valait 12 sols.

(3) C'est-à-dire : les capitaines des autres compagnies du régiment de Saint-Séverin.

(4) Quelques parents de la main gauche.

Cason qûi at amené les dits 3 de quoex, de toire et laperrière qui fait faire les.....? au dit Vairy, apres avoir beu diverses fois à la santé de S. A. R. (chappeau bas), on a bu à la mienne comme capitaine dans St-Severin.

Jacques de toire outre cela a pris un ducatton (1) de moy et le dit laperrière deux qu'ils ont bien gardé tous.

J'ai payé l'escot 34 sols. Après comme nous estions à la cuisine est survenu Jacques de la Combe dit *a matti* qui at dit qu'aussi bien se vouloit enrooller que les autres et m'at prié de ça luy porter, ce que iay fait et l'ay mis en escrit en sa présence et at dit qu'il estoit bien aise et qu'il me serviroit bien.

Je suis monté à cheval avec mon valet ou de deça Escharvinaz (2) (partant despuis Talloires) j'ai fait rencontre de Jean Louis Varey, dit *le metra*, avec Jean Munier, dit *besset*, lequel Varey m'at dit qu'il venoit au devant de desgager son fils (du dit Varey, qui est cordonnier à Nicy) ; après beaucoup de discours acheminant ai sceu me faire promettre le dit fils, le dit Varey me l'a promis, touché la main sur cela, prèsent le dit besset qui lui disoit de le faire et mon valet, et a quitté à faulte de vin.

Je descendis chez nous, souppay chez m^re^ Pierre avec les Jacquier et Vinet? ou ie n'ay rien fait.

Ensuitte et après disné ie suis allé chez mons^r^ Duchosal demander à anprunter son cheval ce qu'il n'a peu faire sortant de la ray (3), esté voir la belle Deage ma cousine ou i'ai treuvé son frère l'aisné et un certain masson qui m'at dit s'appeler Claude Riondet du ladhil? de vignes paroisse de Samoen qui at beu avec moy. Après s'estre fait presser longtemps, il at dit

(1) Le ducaton valait environ 5 livres et 10 sols.
(2) Escharvinaz, ou Charvine, petit hameau de Talloires, mais plus rapproché de Menthon.
(3) Sortant du sillon, c'est-à-dire venant du labour.

que puisqu'il falloit aller à la guerre il vouloit que ie lui acheptasse une espée ce que i'ay fait chez Potel.

Le dit Déage avoit dit, il y avoit plus de trois semaines, que si i'avois une compagnie il en vouloit estre et sachant que ie l'avois aujourdhuy il a beu une fois à ma santé et assuré qu'il y viendroit ; présentes sa sœur et la femme de Jean Monet, ce que iay accepté. (at dit ce 9 septembre à mon valet qu'il vouloit aller avec moy, mon valet estant à Nicy).

Du 9 septembre 1672.

Estant dans ma cave sur les deux heures après midy avec Valfrey, Jaquat davit est entré un Guillaume Brachet dit Vairon, venant chercher ledit Valfrey ou celui at porté [*ma santé*]. Il at fait raison, beu et rebeu à ma santé, après de S. A. R. et du marquis de St-Severin et s'en despartant avec ledit Valfrey ie lui ay dit qu'il fit son compte de partir quand ie voudrois p^r me suivre p^r le service de S. A. R. ou ie le conduirois.

Estant entre nuit et jour Claude Nicolas Mermoz est venu chez mre Pierre avec Pierre Vittoz ; ie leur ay dit qu'il falloit se joindre à table à soupper. Ils sont venus à la mienne. En souppant le dit Vittoz s'est offert une fois à moy p^r me suivre partout, ie l'ay accepté et à la fin lui ay dit qu'il estoit (le 25 septembre a soupé avec moi estant de compagnie chez Pierre, et a renouvelé son engagement, et a receu espée de moy) mon soldat et qu'il serviroit S. A. R. dans ma compagnie qui estoit du Régiment de St-Severin. Il a fait beaucoup de résistance quand il a veu que sestoit à bon jeu bon argent jusques a dire qu'il tueroit le capitaine ; néantmoins ie lui [ay] asseuré qu'il estoit mon soldat. J'ai payé tout le soupper. Il estoit présent Valfrey, le dit Mermoz, mre Pierre. Il est impossible qu'il s'en dédise, ie n'en ay point de mieux acquis que celui là. Il me dit qu'il vouloit tantost cinq just.[aucorps] tantost que des extravagances.

Du 10 septembre 1672.

Je suis allé a Balmettes (1), avec mon cousin Machet, Valfrey et mre Pierre chez les Mots ou iay renouvelé l'engagement de Nicolas de Balmont quoy qu'il n'y fut pas mais comme il s'estoit engagé a moy aux nopces de son frère Pierre, présent cin personnes, les curés de Talloires, de Montmin, Jacquat, Valet et s'estant offer de luy mesme et bernard Bertier de Rovagnier ie les acceptay alors et aujourdhuy ay parlé au dit Bertier et dit à pierre de Balmont mangeant chez luy avec qui dessus que i'estois veneu p^r advertir le dit nicolas qu'il se tint prest, a quoi le dit Pierre m'at repondut que son frère ne s'estoit engagé que soubs condition que ie le ferois mon premier soldat.

Après avoir reposé chez le dit debalme nous avons pris le chemin d'Engon (2), lequel faisant et dessoubs *rocher-bechin* nous avons rencontré Claude Munier fils de françois Munier dit perrod qui nous at mené chez lui dans sa cave ou nous lui avons fait boire à la santé de S. A. R. du seig^r marquis de St-Severin nre coronel et de moy capitaine dans le regiment d'iceluy et luy ai dit qu'il s'aprestat de marcher quand ie voudrois ; a quoy il n'at rien reppondu si ce n'est qu'il at dit que s'estoit mre Pierre qui luy avoit fait la trahison.

En beuvant le dit mre Pierre Codurier a toujours protesté vouloir aller servir dans ma compagnie, comme toujours dès lors ; présent les Machet et Valfrey et s'est fait bailler deux ducats (lesquels il a bien gardés).

(1) Hameau de Montmin (commune au-dessus de Talloires).
(2) Hameau de Talloires.

Du 11 septembre 1672.

Je suis allé à Montmin avec monsieur Jaquat (1) ; il s'est rencontré que Valet étoit compère d'un Guill. Picard ; nous avons disné chez lui ou mons^r le curé a commencé à la santé de S. A. R. puis du marquis de St-Severin coronel, puis de moy capitaine, ce qu'on a fait tous à la ronde. Il y avait Jaquat, Valet, le dit Guill. Picard, Bourbon, Maurice Picard, le borgne Cottin, Philippe Ruland, et leur ay dit que ie leur estois bien obligé de me faire des soldats si braves et de se donner si facilement à moy, et se sont tous tenus pour engagés et ont tous chantés allégrement après.

Après disner nous sommes allé en Plan Montmin (2), monsieur Jaquat, Valet, Mauris Picard (à propos que i'ay engagé p^r mon valet soubs le gage de 20 florins et entretenu d'habits), sommes entrés chez Mauris Brachet dit Monet, hoste ou se sont mis à table outre nous autres, Estienne Dunoyer, dit Casel, Jean Dunoyer dit Genaz, Mauris Dunoyer, Estienne Brachet fils de l'homme des deux bidets, Georges fils de Mauris Dunoyer dit Balaison, Mauris Gardy, dit l'yvrogne, qui ont tous souppé avec nous et ont beu et rebeu à la santé de S. A. R. et du marquis de St-Severin et de moy capitaine et nonobstant que ie leur ay dit qu'ils estoient engagés p^r le service de S. A. R. dans ma compagnie il n'y en a pas eu un qui n'aye rebeu et reconfirmé de ma santé ; point de regret de se voir engagés, mais ont tous dit des chansons.

Outre quoy nous avons fait boire a la santé de S. A. R. et de moy cap^ne le dit Mauris Brachet l'hoste et un Guill. Poncet de Plan Montmin qui n'estoit pas à table parce qu'il n'y avoit pas de place.

(1) C'était un notaire de Talloires.
(2) Hameau de Montmin.

Du 12 septembre 1672.

Ce matin i ay fait trois soldats de très-bonne guerre c'est à dire de bon acquis, scavoir Genin Contoz le petit de la Forclaz, Laforge de la Costa, et Rampin, neveu de mon compère Valet. Nous avons tous déjeuné chez mon compère Valet mais tout à fait obligeament présent mons[r] Jaquat.

En m'en retournant i'ay parlé à Pierre Lafontaine au dessus du champ de mre Pierre en dessoubs les Perret, qui m'a promis assez facilement.

Estant arrivé dans la maison mon cousin Machet et Claude Nicolas Moennoz me sont venus faire relation qu'hyer ils avoient engagé un Joseph Cartier de Lathuile, Claude fils de Claude Cartier de la thuile parroisse de La Thuile (1) qui estoient venus vendre une truitte aux religieux *(de l'abbaye)* et m'ont dit les avoir de très-bonne volonté et de très-bon gré. Item qu'ils avoient engagé Eustache Janin le petit en disnant avec eux, Prosper Munier, dit Rustod, ont beu à la santé de S. A. R. et de moy capitaine.

Jean Brachet, de mesme que dessus, tesmoing la Perrine, hostesse. (Ce nom, mis en marge, est ensuite effacé et suivi de cette note : accordé au R[d] père dom prieur) (2).

François fils de Michel Similiat, dit Monet de Verel parroisse de Talloires et fort alegrement Claude Nicolas Similiat dit Mermin.

Et chez nous en présence de mon dit cousin Machet nous sommes demeurés d'accord Claude Nicolas Moennoz que je le ferois mon sergent, c'est à dire de deux hallebardes je luy en baillois une.

A soupper chez mre Pierre, Jacques Moennoz Fontanel a

(1) Petite commune en face de Talloires, au delà du lac.
(2) Le prieur claustral de l'abbaye de Talloires était alors Dom Romuald Pignier.

souppé et luy ayant dit franchement que de venir se mettre à table avec nous s'estoit advis que l'on vouloit s'enrooller, nonobstant cela il at souppé beu et rebeu à la santé de S. A. R. du seig^{r} marquis de St-Severin et de moy. A moitié soupper est survenut Gabriel Cubly des prés de Monoty paroisse de St-Jorioz qui at beu (s'estant mis à table avec nous) à la santé de S. A. R. et de moy, deux ou trois diverses fois et après s'est voulut retirer.

Du 13 septembre 1672. Mardy.

Claude Nicolas Moennoz et mon valet Pierre Varay ont engagé chez RogexAnthoine Petit-jean, ditThoine à Gelian (1), et un Mauris Berthet de Rovagnier, celuy qui est si puissant, frère de Gerard Berthet que i'ay desià cy-devant escript.

Du 14 septembre 1672.

Nonobstant tout le mauvais temps ie suis allé à Chambéry; estant arrivé deux heures du soir, il s'est treuvé par malheur pour moy que ie n'y ai pas treuvé mons^{r} de St-Severin.

Du 15 septembre 1672.

J'ay ravaudé toute la grande rue pour treuver à faire party des 50 justaucorps qu'il faut pour ma compagnie.

Du 16 septembre 1672.

J'ay achepté une escharpe qui m'at couttė dix escus blancs 60 florins. Fait pache (2) des justaucorps avec la Fontaine soit du moins sa fame pour flor. 14. 6. pièce *(14 florins, 6 sols)*.

(1) C'est-à-dire : Antoine, fils de Gelian.

(2) Fait marché. Le mot *pache*, corruption de *pacte*, est encore usité dans les patois de la Savoie.

Du 17 septembre 1672.

J'ay acheplé un chappeau bordé fin argent, prix 4 escus blancs chez Rapin.

Le Seig^r de St-Severin m'at délivré l'argent de ma compagnie 1408 florins. J'ay fait un reccu du dit argent. Iceluy Seigneur n'ayant pas treuvé la couleur des justaucorps à sa fantaisie il a fallu rompre la pache, prendre d'autres étoffes gris blanc. La moitié des justaucorps à 16 ff. 10. et l'autre moitié à 15 ff. 1.

Voilà ce que i'ay gagné.

J'ay laissé à compte à Mr Faure (1) 62 croisats (2), et 10 pistoles ital. (3) qui font florins 752 à compte sur les justaucorps et suis parti ce jourd'hui à Nicy.

Du 19 septembre 1672, Dimanche.

Je suis parti après disner pour Talloires ; à Veiry i'ay treuvé mes gens chez Julian hoste vers la Croix qui m'ont présenté un fort hon^te homme Pierre Balmin dit Laplace qui avoit esté desia à Nicy à mon absence pour s'engager avec moy. que mon valet avoit fait boire chez la lune, despense 21, et auquel i ay baillé un demy crosat : présent la perriere et les de quoex père et fils. Je lui ai acheplé une paire de souliers 6 fl. 6.

Arrivé à Talloires ie suis descendu chez maître Pierre ou i'ay treuvé une partie de mes soldats de Montmin qui m'attendoient et de plus que ceux que i'avois desia enroollé un Mauris Barry Grolion de la perriere (Grolion s'appelle Pierre,

(1) Favre, avocat de Chambéry, parent des de Quoex. V. plus loin la lettre dans laquelle il rend compte de l'emploi de cette somme (Document 1).
(2) Le croisat, ou crosat, valait 6 livres 13 sous. (Bailly, *loc. cit.*)
(3) La pistole valait environ 16 livres et 10 sols.

Jean Veglos, est d'italie) un fils de François Cotin, le grand fils de Genin Contoz et Claude Succillon qui sont venus exprès m'attendre à Talloires, pour s'enrooller, lesquels iay traitte tous les jours et fait très bien boire.

Plus, de Talloires i ay treuvé Jaques Desmaisons qui a tousiours demeuré avec moy et qui s'est voulu enrooller trés obligeamment.

Du 20 septembre 1672. Lundi.

Il s'est présenté à moy George fils de Claude Adam pour servir de soldat dans ma compagnie. Il s'est beaucoup marchandé at beu à ma santé, luy ay baillé demy croisat et m'at dit de fort bonne grâce que quand ie luy aurois rien baillé aussy bien seroit il venut. Guillaume fils de Jaques Codurier après avoir desieuné avec tous chez nous m'at tiré à part et m'at dit qu'il n'y avoit ny fame ny enfant qui l'empeschassent de me suivre à la guerre, qu'il me prioit seulement de ne le dire pas sitost à son père, ie l'ay accepté et touché la main.

Après disner ie suis venut à Nicy ou i ay amené mes deux sergents la Perrière et Moennoz. J'avais apporté de Chambéry 3 1/2 aunes d'estoffe pour les habillier qui me revenoit à 3 crosats 1/2, outre cela que pour les culottes et les doublures soye, bottons et tout, revenoit à 34 florins. Outre les chappeaux bordés qui me sont revenus à chascun un escu blanc outre la façon qui ie ne scay pas que me cousterat.

Du 21 septembre 1672. Mardi.

Monsr Gros at pris ce jourd'hui party dans ma compagnie de laquelle ie luy ay baillé ma lieutenance. Nous avons fait des accords par escrit, entre nous deux auxquels ie me reporte et lesquels ie ay rière moy (1) ; de plus il m'at prié de luy

(1) Sur moi, ou chez moi.

prester 2 crosats ce que ie ay fait sans escript de lui. Présent Jaques Demaison et mon valet Pierre Varey dans l'antichambre de chez nous. (rendus.)

Du 22 septembre 1672.

Je suis venut à Talloires, ie ay disné chez Monsr le Curé. Après disner, et chez nous, Valfredy le jeune musicien s'est engagé chirurgien de ma compagnie ; son frère me l'at amené, at beu et touché la main. Après cela Fontanel, Janin, m[re] Guill. George Adam sont venus boire de grand courage avec moy et chez moy comme leur capitaine. Le dit George Adam m'at dit qu'il avait enroollé Claude Moennoz et Claude Adam des Granges à mes despends et de maître Pierre.

Plus George Adam m'at dit qu'il avait enroollé Pierre Bonet dit Burguet ;

Plus mon compère Valet est arrivé à Talloires qui m'at dit qu'il avait enroollé Jaques Collomb de la Forclaz, Mauris Bissasson de Veirier.

Plus estant devant chez nous est survenut Claude fils de Claude pontonier de Martod dit la Viernaz auquel ie ay dit s'il ne vouloit pas aller à la guerre avec moy. Il m'at respondut que très volontiers, at beu deux ou trois fois sur ce ton la m'at donné trois ou quatre fois la main, at souppé a mes despends chez m[re] Pierre avec Monsr Valfredy mon compère Philibert du château de Menthon et dix ou douze autres.

25 septembre 1672.

Jean Varey et le frère du Chappoton (1) se sont venus engager à moy, ledit Jean Varey s'est fait donner un quart d'escu et avons tous desjeuné ensemble avec m[re] Jaques Codurier et Jean Brachet chez m[re] Pierre.

(1) *Chapoton*, ou *Chaplebois*, probablement celui qui avait l'office de la préparation du bois au couvent de Talloires.

Du 26 septembre 1672.

J'ay esté à Nicy pour achever de faire aporter mes meubles (1). J'y ay acheté 50 cravates, 27 espées à un 1/2 ducatton pièce et souis party pour m'en retourner à Talloires entre jour et nuit par un temps de pluye du diable et ay commencé d'avoir douze ou quinze de mes soldats en estat. J'ay remis à mon compère Burquier les clefs de la maison pour les rendre à R^d père prieur et celles de mon jardin.

Du 27 septembre 1672. Jour de Saint-Cosme mardy

J'ay esté à Montmin ou i'ay disné chez Monsr le Curé. Après disner s'est présenté à moy un Succillon dit Guilliot, dans la cure, présent le R^d père Burnod Monsr Arminjod le sieur La Mottelon, etc., qui s'est offert de servir S. A. R. dans ma compagnie. Il m'at demandé d'estre habillié ie le luy ay promis et baillé 6 pièces de 6 sols de France pour arres et est venut desia comme soldat de Plan Montmin.

Plus s'est présenté à moy présents qui dessus un nommé Raviolaz de Vezonne qui m'at salué de son capitaine, avoit desia pris une cravate de mes soldats ; luy ay baillé 4 pièces de 6 sols de France. Est venu à Plan Montmin avec mes autres soldats,

Du 28 septembre 1672.

J'ay amené de Plan Montmin ou iay couché pour faire mon assemblée de tous mes soldats de Montmin et amené à Talloires :

A Plan Montmin.

1. Estienne Dunoyer, dit *Casel;* baillé chappeau, justaucorps, baudrier, espée, soliers, cravate.

(1) Il transporte à Talloires son mobilier d'Annecy.

2. Georges Dunoyer, dit *Balaison ;* baillé à luy chappeau, justaucorps, baudrier, espée, cravate (1).
3. Estienne Brachet, dit *Romarin.*
4. Mauris Brachet. Il a baillé son fils François Brachet.
5. Anthoine Dunoyer, dit *Genod franc-cœur.*
6. Mauris Gardy, dit *la Vigne.*

A LA PERRIÈRE.

7. Pierre-Jean Valet, dit *la Branche.*

A L'ÉGLISE DE MONTMIN.

8. François Cottin, dit *la Fortune.*
9. Jean-François Mariglier, dit *la Jeunesse.*
10. Jaques Vertier Petro, dit *l'Eglise.*
11. Mauris Advernier, dit *Bontron*, tambour.
12. Claude Sucillon, dit *la Tallie.*
13. Mauris Picard, dit *la Violette.*

AU VILLARD.

14. Mauris Barry, dit *Villoud.*
15. Mauris Mariglier, dit *Rampin.*
16. François Sucillion, dit *Guilliot*, dit *du Bois ;*
— Guill. Valet Forchaud, dit *la Conduitte.*

A LA COSTA.

17. François Vertier la forge, dit *l'Allégresse.*

A LA FORCLAZ.

— Hugues Conte, père, dit *la Pointe.*
18. Hugues Conte fils, dit *du Laurier.*
19. Jaques Conte, dit *Collomb,* dit *la Roche.*

(1) M. de Quoex indique aussi pour chacun des autres soldats les objets d'équipement qu'il lui remet.

A VEZONNE, PAROISSE DE VIU,

20. Jean Sonnerat Raviolaz, dit *Saint-Jean*.

A TALLOIRES, AU BOURG.

21. Pierre Vitoz, dit *la Pierre*.
22. Claude Nicolas Moennoz, un de mes *sergents*. Je l'ay habillé en sergent quand il s'est engagé.
23. Jacques Moennoz, dit *Saint–Jacques*.
24. Jacques Desmaison, dit *la Rose*.
25. George Adam, dit.
26. Pierre Bovard, hoste.
27. Eustache Janin.

A ESCHARVINAZ.

28. Jean Varey, dit *la Bianna*.
29. Claude Varey fils de Jean Louis, dit *la Metra*.
30. Mauris Varey.

A LA SAUSA.

31. Anthoine Petitjean, dit *Fontaine*.

A ROVAGNIER.

32. Mauris Bertier, dit *la Verdure*.

A ENGON.

Claude Munier, dit *Perrod*.

33. Prosper Munier, dit *Rustoz*.
34. Anthoine Munier Thorens, enrollé le 29 septembre 1672; présent Monsr Rogex, hoste, mon lieutenant, Monsr Aspino.

AUX BALMETTES.

35. Nicolas de Balmont.

A VERTIER, PAROISSE DE DOUSSARD.

36. Mauris Biosson, dit *du Marais*.

A Vairy *(Veyrier)*.

37. Jean Gardet, dit *la Perrière*, mon sergent, habillé de sergent comme devant.
— Pierre de Quoex, père.
38. Anthoine de Quoex, fils.
39. Pierre de Balmens, dit *la Place*.

A La Thuile.

Cochet, dit *Boucher*.

A Annessy.

40. Nicolas Valfredy, dit *(C'est le musicien chirurgien)*.

Du 30 septembre 1672.

Nous sommes partis de Talloires, ma compagnie a batteau du port sur lequel iay embarqué 45 hommes outre mon valet Pierrot. J'ay fait repaittre ma compagnie dans la cour du Sépulchre *(à Annecy)*, et nous est revenu le tout m'at cousté florins 26.

Nous sommes venus coucher chez Jean d'armant, soit chez la forest (1).

Du 1er octobre 1672.

J'ay amené ma compagnie à Chambéry et avons esté logés au fauxbourg de Maché, moy chez l'hoste de Sainte-Barbe par billettes (2). J'ay acheplé 6 paires de souliers, 1 a Gardy, 1 à mon valet Picard qui at baillé les siens à Rampin, 1 à Balaison, 1 à du Laurier, un à la Jeunesse, un à Biosson.

Du 2 octobre 1672.

Monsieur le Commandant m'at envoyé prendre et m'at fait mener le fils de Bouchet de La Thuile soubs prétexte qu'il

(1) Entre Cusy et Grésy-sur-Aix.
(2) Par billets de logement.

n'estoit pas bien pris parce qu'en effect l'on ne l'avoit pris qu'à faute d'avoir treuvé son frère qui estoit engagé ou enroollé.

J'oubliois que ce mattin i'ay pourvu d'armes d'espées le reste de ma compagnie, à ceux que ie n'en avois pas encore peu donner.

Sur les 4 ou 5 heures ayant sur la galerie de mon logis beaucoup de mes soldats ie leur ay baillé à tous pour le moins demy quart d'escu (1) qu'ils ont accepté avec reverences. Il y avoit entr'autres Toinoz Petit-jean, Biosson, Balaison, Laplace, Janin, Gardy, le fils de Mauris Brachet, Rampin, Valfredy, les Sucillion et c'est pour boire a l'honneur de ma santé. Et present le s[r] Louis Jonex.

Sortant aussy tost après de mon logis j'en ay treuvé beaucoup deux à trois pas de la porte de mon logis et entr'autres Thorens auquel ïay baillé demy ducatt. pour luy et pour son camarade qui estoit prèsent qui est Prosper Munier et de son consentement ; à Nicolas de Balmens demy ducatt. Il m'at rendu 26 sols ; à Pierre Vitoz et à Fontanel aussy ; enfin à tous ceux que ïay treuvés et aux autres à qui ie n'ay pas fait donner de l'argent ie leur ay promis de leur en bailler tout de mesme qu'aux autres.

Du 3 octobre 1672.

J'ay baillé auprès du feu à chascun demy quart d'escu, à La pointe, à Casel, à Mauris Barraud, Raviolaz, du Laurier, Cottin, Pierre de Quoex le fils, de Quoex le père.

J'ay pris pour un mantteau de bourracan 5 aunes et 1/2, à fl. 8 l'aune, 44 florins, et de demy rattine, aunes 8 à fl. 3 l'aune, font 24 florins.

Du 4 octobre 1672.

J'ay baillé une dizaine flor. et 1/2 à Mauris Bertier et à

(1) Environ 14 sols.

Brachet, c'est-à-dire à chascun 5 fl. et 1/2, dans la boutique de la Fontaine sur l'avant-banc, en un crosat et 1/4 de crosat, et le reste de sols de roy trois en nombre.

DOCUMENT N° 1.

Chambéry, le 24 septembre 1672.

« *A Monsieur, Monsieur Dequoex advocat au* « *souv*[n] *Sénat de Savoye, — à Taloires.*

« Monsieur et cher cousin,

« J'ay bien de la ioye d'avoir appris que vostre Compagnie « est presque faitte ie n'ay point perdu de temps a faire tra- « vallier vos ardes. M. le marquis de St-Severin vous prie « que si vous pouviez lui faire une douzaine de bons homes « que vous l'obligeriez beaucoup de les luy amener avec vos- « tre Compagnie et qu'il vous rembourseroit de tout ce que « leur auréz donné et de la despensce qu'ils vous feront,

« Vous ne debvez point perdre de temps à faire venir vostre « compagnie le plus promptement qu'il vous sera possible « pour vous lever de la despensce et de l'embaras ou vous « estes et si vous me croiez vous les feréz partir au plustost « quoyque vous n'aiéz touts vos justecorps, lesquels seront « touts faits mardy au soir, vous en pouvéz faire capital (1) « si vous êtes icy ce jour la ou le lendemain, ie vous conseille « aussi de les faire passer (*les hommes*) par Bauge, cela vous « leverat d'un grand embaras que vous auriez a les sortir « d'Anissy et mesme de la despensce —, il faut que vous

(1) Vous pouvez compter sur cela.

« envoiéz vostre vallet à M^r le marquis de St-Severin un « iour avant que d'arriver icy afin qu'il aye le temps de met- « tre ordre au logem^t de vostre compagnie, pour vous, vous « savéz le vostre ordinaire ie crois que vostre calité de capitaine « ne nous privera pas de l'honeur que vous m'avez faict cy « devant, vous scavez que ie suis tout à vous.

« Come les baudriers de la fontaine n'estoit à mon gré et « qu'il estoit inexorable sur le prix i'en ai faict faire exprais « 50 — lesquels ie vous envoye, ie les ai payé de l'argent que « vous m'avez laissé a raison de trente quatre florins la dou- « zaine et la fontaine en vouloit 36, — que font L. 18, et ie « les ay heu pour L. 17 — i'ay cru debvoir prendre melieur « marché et melieures marchandises. Je vous envoye aussy « 29 justecorps, il y en ast onze au millieu de la balle qui sont « de la mellieure estoffe, et semblable à celle dont vous aviéz « emporté p^r faire les justecorps de vos sergents tellement que « vous en avéz trente et les autres dix-neuf seront faict mardy « prochain. Vous pouvez vous venter qu'il n'y aura point de « Compagnie qui soit mieux vêtue que la vostre et d'un « melieur estoffe, ie les ay faict couper devant moy, nous « fesons toutte la lésine possible (1) mais comme vous avez « presque tous de grands hommes vous debvéz avoir soin que « vos soldats soit touts honestement vétus et chossés et « n'ayent pas des solliers à clous ny des chosses de Vallay « pour qu'ils fassent honeur a la despensce que vous faittes de « vos justecorps.

« Vous debvez aussy faire faire une ou deux casacques de « livré si vous me croiez. Je vous envoye aussy 29 chapeaux « bordés que i ay pris chez la fontaine a compte des 50, soit « 48 parce que vostre valet m'a dit qu'en aviéz achepté 2 p^r « vos sergents. Il n'en a rien volu rabattre de L. 24 la douzaine

(1) L'économie.

« Ie ne vous dits autre et suis de tout mon cœur avec « fidellité, mons^{r} et cher cousin, vostre tres humble tres obeis^{t} « et fidel cousin. Cl. Em. Faure *(Favre)*.

DOCUMENT N° 2.

(BREVET DE CAPITAINE).

Le Duc de Sauoye, Prince de Piemont, Roy de Chypre &

N^{re} Cousin, tres chers bien améz, & feaux con^{rs}. Nous auons accordé la quatorzième Compagnie du Regiment d'Infanterie du marquis de St Seuerin à *Noble Amé de Quoex* nous vous ordonnons de l'assenter à vos offices en qualité de capitaine effectif de la d^{e} Compagnie, & de le faire ioüir de la paye, pain, utencilles, logement, & autres droict appartenant à la d^{e} charge tout de meme qu'en ioüissent les capitaines de nos vieux corps, commençant déz le iour, qu'il aura consigné la compagnie de cinquante hommes à l'office de Piemont, continuant durant le seruice des officiers, & soldats, et n^{re} bon plaisir. Ce que nous assurant que vous executeréz, Nous prions Dieu qu'il vous ayt en sa s^{te} garde. De Turin le 27 aoust 1672.

C. Emanuel. V. Passier.

Aux officiers du solde de Sauoye, & de Piémont.

DOCUMENT N° 3.

(PASSEPORT).

Charles Emanuel par la grace de Dieu duc de Sauoye Prince de Piemont Roy de Chypre &

Comme les officiers du Regiment du Marquis de St-Seuerin ont esté congedies, et que Noble Amé des Quoex desire de se retirer apres y auoir seruy de capitaine d'une comp^e^ pendant tout le temps qu'il a este sur pied ; nous luy uoulons bien lui donner quelque tesmoignage de la satisfaction, et de la gratitude que nous auons des bons, et agreables seruices qu'il nous a rendus, et c'est ce que nous faisons par le present certificat signé de nre main, par lequel nous ordonnons a tous ceux qu'il appartiendrà dans nos Estatz de le laisser librement, et seurement passer auec ses valets, sans qu'il lüy soit donné aucun empeschement, mais toutes sortes de faueurs et commodité de passage. Car ainsy nous plaist. Donnés à n^re^ Venerie ce 14 mars *1673*. Signé : C. Emanuel, et au-dessous le petit sceau du duc sur hostie.

Passeport pour Noble Amé de Quoex, lequel apres avoir seruy dans le Regiment du Marquis de St-Seuerin en qualité de cap^ne^ dune compagnie se retire en son Pays.

UNE PAGE

DE

L'HISTOIRE DE SAINT-FRANÇOIS DE SALES

PRÉVOT DE GENÈVE

Dans la séance du Congrès du lundi 10 août 1885, après midi, M. Jules Vuy, vice-président de l'Institut genevois, a lu un travail intitulé : *Une page de l'histoire de saint François de Sales, prévôt de Genève.* C'est un fragment d'un Mémoire plus étendu, qui sera publié dans son ensemble et qui pourrait avoir pour titre : *Deux pages d'histoire de la fin du seizième siècle* (1588-1598).

Voici le résumé sommaire de ce Mémoire, dans lequel l'auteur s'attache à peindre l'état des deux rives du lac Léman, soit des contrées vaudoises ou chablaisiennes, à une époque où beaucoup d'incertitude régnait encore dans les esprits et où l'on ne savait guère, d'une manière sûre, quel avenir politique serait définitivement réservé à ces deux régions séparées par les eaux limpides du beau lac.

Dans la première partie du Mémoire, l'auteur décrit spécialement l'attitude des contrées vaudoises, le mécontentement sourd et profond qui y régnait contre l'administration bernoise ; il parle de la grande conjuration qui se trama en 1588 pour délivrer la rive septentrionale du lac de la conquête allemande, conjuration qui comptait dans son sein toutes les classes vaudoises, nobles, bourgeois et paysans, même le bourgmestre de Lausanne ; enfin des causes qui firent échouer ce grand mouvement et de la répression impitoyable dont il fut suivi. L'échafaud se dressa à Berne et à Lausanne, il se dressa de nouveau plus d'une fois dès lors, et les moins malheureux d'entre les conjurés furent ceux qui purent s'échapper précipitamment du pays, et, perdant leur patrie et leurs biens, vivre désormais dans l'exil.

Dans la seconde partie de son Mémoire, l'auteur rappelle l'invasion du Chablais, en 1593, par les Genevois et les Bernois, la trahison qui leur livra le château de Thonon, sa destruction, le grave procès politique qui fut la conséquence de ces événements et dans lequel paraissaient fort compromis plusieurs au moins des principaux citoyens de Thonon. C'est dans l'année qui suivit la destruction du château de Thonon et le prompt départ du premier ecclésiastique catholique établi dans cette ville depuis l'époque de la conquête bernoise, que saint François de Sales commença, à ses frais et au milieu des plus grands dangers, seul avec son cousin Louis de Sales, son célèbre et héroïque pèlerinage du Chablais.

Quelques années plus tard, après la conclusion du traité de Vervins, lorsque les affaires eurent pris une tournure plus stable et qu'il fut à peu près certain que le Chablais resterait désormais sous la souveraineté du duc de Savoie, les derniers protestants de Thonon, pour lesquels le procès de haute trahison n'était pas indifférent, songèrent avec effroi au moment peu éloigné où le duc reviendrait de nouveau dans leur ville. Cette heure était proche en 1598, et ils pouvaient, non sans raison, redouter de la part du prince une rigueur semblable à celle dont les Bernois avaient usé, quelques années auparavant, envers leurs sujets du pays vaudois, les actes de rébellion commis en Chablais ayant été bien plus graves que ceux dont la rive septentrionale du lac avait été l'objet.

Aussi, lorsque la nouvelle parvint à Thonon que le duc allait arriver au pays, les derniers protestants de cette ville furent dans une grande perplexité. Dans ces circonstances, leur consistoire, pressé par les événements, dirigé peut-être par les ambassadeurs bernois qui étaient bien au courant de l'état réel des choses, et, en tous cas, pleins de confiance dans la haute charité de saint François de Sales, résolut de s'adresser directement à l'évêque de Genève pour le prier de se mettre à leur tête, et d'aller avec eux à la rencontre du duc, implorer en leur faveur sa miséricorde de souverain.

La réponse de l'évêque ne fut pas douteuse. Au milieu d'une foule immense comme Thonon n'en avait jamais vu une pareille, ce fut un spectacle unique que celui de ce vieux prélat, inspiré par l'apôtre qui devait être son successeur, suivi par lui et par quelques autres, notamment par le seigneur de Vallon, président du consistoire protestant, et se prosternant devant le duc pour le supplier de renoncer à toute poursuite contre les citoyens de Thonon qu'il couvrait, en quelque sorte, de sa haute protection chrétienne.

M. Vuy retrace cette page d'histoire, unique sans doute dans les annales du seizième siècle, et qui mérite à tous égards d'être mise en relief.

Il en établit la parfaite authenticité et indique dans son Mémoire l'ensemble des preuves sur lesquelles elle repose.

SUR L'ORIGINE

DES NOMS DE L'ISÈRE ET DE LA TARENTAISE

Par M. G. VALLIER

MESSIEURS ET HONORABLES CONFRÈRES,

Lors du Congrès des Sociétés savantes de la Savoie à Moûtiers, en 1881, il fut beaucoup question des patois de la région ; et, à ce sujet, je demandai si l'on connaissait l'origine de certaines dénominations locales, comme, par exemple, celles de l'*Isère* et de la *Tarentaise*. On les ignorait complètement. Je me permis de mettre en avant quelques idées à ce sujet, et l'on m'engagea beaucoup à leur donner une forme plus arrêtée. Mais le temps me manqua pour cette étude. J'y ai songé de nouveau dernièrement, et je viens soumettre au Congrès de Montmélian le fruit de mes recherches et de mes conjectures.

Je vous entretiendrai d'abord de l'*Isère*, dont le nom, sous sa forme actuelle, nous a été légué par l'*Isara* des Romains, qui n'est lui-même que la traduction latine de celui que les Gaulois avaient donné à cette rivière. Il y a ainsi plus de cours d'eau qu'on ne pense, dont les noms actuels remontent à la plus haute antiquité, mais dont on ne peut retrouver maintenant les radicaux (1) à travers les dégénérescences successives par lesquels ils ont passé.

Quand je me sers du terme de *noms*, je m'exprime mal, car les *noms* n'existaient pas alors, et les cours d'eau, grands ou petits, étaient simplement désignés par ce mot l'*eau*, mais avec une variété fort grande de radicaux, de préfixes ou de suffixes justifiés par le régime, la couleur, l'importance, etc., de ces cours d'eau, tels que nous les retrouvons encore, aussi bien dans nos montagnes que dans le monde entier : l'eau *blanche, noire, rouge*, l'eau *morte*, l'eau *vive*, l'eau *froide*, le *fleuve*, la *rivière*, le *torrent*, le *ruisseau*, etc., etc. Seulement, les mots d'*eau*, de *rivière*, de *torrent*, de *fleuve*, étaient empruntés au langage de ce temps éloigné, langage aussi varié sans doute que le nôtre et possédant une expression particulière pour chacune de ces désignations. Quelques-unes sont connues et bien établies, et nous les retrouvons sous la forme *Ar* et

(1) Pour réduire ce Mémoire intéressant aux dimensions prescrites par notre programme, nous avons dû couper quelques pages pleines d'esprit, des notes riches de faits et de piquantes digressions. *Procustes* impitoyables, nous n'avons coupé qu'à regret, et autant que possible en conservant à l'œuvre son *humour*, et surtout sa valeur scientifique. (*Note du président du Congrès.*)

Dur (*Dwr*) ou *Dour*. D'autres ne sont que soupçonnées sous les radicaux que nous offrent une foule de cours d'eau plus ou moins importants.

Dans la première catégorie, je me contenterai de citer: l'*Aar* (Suisse), l'*Aa* (Pas-de-Calais), l'*Arar* (la Saône), l'*Aren* (Provence), l'*Arc* (Maurienne), et, sur le revers de la source, l'*Orco* (Piémont, dans le val d'Ivrée); l'*Arc*, dans la vallée de Peisey, le col de l'*Arc*, au-dessus de l'*Arc* qui se jette dans la Chausse, un des affluents de l'*Arvan*; le lac de l'*Arc*, au-dessus du torrent de Pissemeille, qui tombe dans l'Isère, entre Longefoy et Sainte-Foy; le Nant de l'*Arc*, à Pussy, près Briançon; la Croix de l'*Arc*, source au-dessus de Sainte-Marie-du-Mont et de Saint-George du Touvet; l'*Arve* (Faucigny); l'*Arvant*, à Saint-Jean-de-Maurienne, et au-dessus le col d'*Arves*; l'*Arbonne*, affluent de l'*Isère* au-dessous de Saint-Maurice, et, sur l'autre rive, le ruisseau de *Lare*; l'*Yères*, à Chambéry, etc., etc.; l'*Arly*, l'*Isar* (dans votre propre pays), la *Sarre*, la *Sarine* (Fribourg), avec ses dérivés la *Sarêne* ou *Sarrenne* (Isère); le *Seran* (Valromey), le col de la *Serena*, qui conduit à la Dora d'Aoste; la *Salena*, tombant dans le Rhône, près Martigny, la *Chérenne* (Isère), le *Cher* (vallée de Peisey), le *Chéran* (Rumilly), la *Sarthe*, le *Cher*, le *Gers*, le *Guiers*, etc., etc.; dans la deuxième, la *Dora* Riparia (mont Genèvre); la *Dora* Baltea (à Aoste), la *Doria* tombant dans l'Aisse, au-dessus de Chambéry; les nombreux *Doron* de la Savoie et du Dauphiné, mais surtout de la Tarentaise, avec leurs variétés : *Doren, Dorrent, Darrant, Thoron, Thorrent, Thorens* (Genevois); *Thurres* et *Tures* (val de Césane, en Piémont), *Thurio,* en face de Thuille; la *Durance,* les *Dranse* de Thonon, d'Abondance, de Biot, de Martigny; le *Draps,* près Belley; le *Drac,* à Grenoble; la *Dore* et la *Durolle* (Auvergne); la *Drôme* (*Druna* d'Ausonne), l'*Adour,* le *Douro,* etc., etc.; toutes ces appellations variant à l'infini, suivant les dialectes locaux ou les dégénérescences subies par suite de l'émigration des peuplades qui se sont succédé dans ces localités, et dues à l'ignorance de ceux qui se servaient de ces mots sans en connaître la valeur, ainsi qu'à mille causes qui nous échappent. Voyez, de nos jours, combien de formes diverses subit le mot générique *eau,* suivant les patois locaux.

Mais bornons-nous, pour le moment, à l'étude d'un seul de ces noms, celui de l'*Isar, Isara* (1), *Isère.*

Remarquez, Messieurs, qu'*Isara* est un nom générique qui se retrouve partout, sous des formes un peu différentes, mais évidemment dues aux mêmes radicaux. Que ce soit dans les Alpes dauphinoises ou savoisiennes, suisses ou autrichiennes, dans les Pyrénées ou ailleurs, c'est toujours *Isara, Isera, Iser, Isser* ou *Essera*; et, chose singulière et qui n'a point été assez constatée jusqu'à présent, le même nom se retrouve fréquemment sur les deux versants opposés des montagnes où les rivières

---

(1) En celtique : *is,* glace ; *ar,* eau.

prennent leurs sources. Ce que j'ai remarqué pour la *Garonne*, par exemple, qui, sortie d'un glacier des environs de Luchon sous le nom que je viens d'écrire, mais se divisant à sa source et portant en Espagne le tribut de ses eaux sous celui de *Ronéga*, — le même, mais avec la première syllabe transportée à la fin du mot, — on l'a souvent remarqué aussi pour la *Druentia* (radical *dur*, *dwr* ou *dour*) qui naît dans un glacier du mont Genèvre et, se divisant en deux, coule en Italie sous le nom de *Doria* ou *Doire* et, en France, sous celui de *Durance*. C'est ainsi qu'à Luchon, nommé plus haut, ayant voulu, comme tout bon touriste, aller visiter le glacier de la vallée du *Lys* ou de la *Lis*, je fus frappé d'une chose dont, je dois l'avouer, je me doutais un peu avec les idées qui hantent mon cerveau et qui ne fit que lui imprimer une conviction plus grande, une confiance plus absolue dans la voie où je m'étais placé au point de vue des noms de rivières : c'est que ce nom de rivière ou de vallée et de glacier du *Lys* ou de la *Lis* n'était, en somme, qu'un nom dégénéré et répété, ancré dans notre langage contemporain, sans que personne — selon l'habitude — s'inquiète si le nom est vrai ou faux, intact ou massacré, s'il a une signification ou n'en a pas... Et j'en eus la preuve immédiate. La carte sous les yeux, je trouvai en effet le même nom, mais non dénaturé, sur le versant méridional des Pyrénées, où il s'était conservé, en Espagne, sous la forme véritable ou du moins peu changée d'*Essera* pour *Isara*. Donc la rivière, le torrent, l'eau du *Lys* n'était autre que l'*Isar* ou *Isara* de ce pays. L'élément celtique s'était conservé, là comme ailleurs, sous son travestissement apparent.

J'ai besoin, ici, d'invoquer d'autres documents que nos origines ou transformations romanes, et de remonter jusqu'aux temps préhistoriques de notre langage.

Ar, eau, est un radical celtique resté dans nos idiomes et prononcé chaque jour par nous sans que nous nous en doutions, comme M. Jourdain prononçait les O. Nous retrouvons ce radical, adopté comme nom et sous bien des formes différentes : *Ar*, *Aar*, *Aa*, etc., etc., et entrant dans la composition d'une foule, j'allais dire dans la presque totalité des noms de rivières... Cela tient à ce que, dans le principe, et alors que les fleuves et surtout les humbles ruisseaux n'étaient pas encore désignés par des noms, on disait tout bonnement, en parlant de l'un d'eux, et dans le langage simple de ces temps primitifs : l'*Eau*. Ne croyez point que cette opinion soit une supposition gratuite. Que de fois, dans mes courses de montagnes, m'adressant à un paysan et lui demandant le nom d'un ruisseau ou d'un torrent, n'en ai-je obtenu d'autre réponse que celle-ci :

— Oh ! monsieur, ce ruisseau, ce torrent n'a pas de nom. Nous disons l'*Eau*. Nous vivons dans notre montagne, nous n'en sortons guère ; nous y voyons peu de cours d'eau et nous les désignons simplement par ces dénominations : l'*eau*, la *grande eau*, l'*eau froide*, l'*eau noire* ou *blanche*, le *ruisseau*, le *torrent*.

Ce paysan était dans le vrai. C'était la nature prise sur le fait. A peu de besoins, peu de mots suffisent.

Adoptant donc les premières, je veux dire les plus anciennes inflexions ou énonciations de notre langue, le mot générique ou radical *ar* est resté comme représentant l'idée : *eau*. Aussi le retrouvons-nous, comme je le disais tout à l'heure, dans la plupart des noms de rivières. Il y en a d'autres, il est vrai, et nous parlerons dans un instant de quelques-uns d'entre eux ; pour le moment, arrêtons-nous à celui-ci et revenons à notre *Isara*.

J'ai voulu, il y a quelques années, remonter jusqu'au glacier d'où s'échappe la rivière qui a donné son nom au département que j'habite. J'étais à Moûtiers, et la tentation était bien naturelle. Une partie fut organisée par un aimable ecclésiastique, originaire de l'un des derniers villages de la vallée de l'Isère, en remontant vers ses sources. Je partis donc avec lui et j'allai prendre ma première étape sous son toit paternel, au hameau de Thuile de Sainte Foy.

Le lendemain, un orage formidable, qui dura plusieurs jours, nous empêcha de continuer notre route, et le temps pressant, je me vis contraint de renoncer à cette excursion. Aussi mis-je à profit les loisirs forcés de ma mésaventure pour faire parler mon hôte, qui connaissaït à fond ses montagnes, et le consulter surtout sur ce que j'avais voulu étudier *de visu*, projet que ma mauvaise étoile m'avait empêché de mettre à contribution.

— Il n'y a pas de mont Iseran, me dit-il, et les cartes qui donnent ce nom sont fautives. L'Isère prend sa source dans un glacier nommé, dans le pays, le *Glacier de l'Ize*...

— Le *Glacier de l'Ize !* Halte-là !... Le *Glacier de l'Ize !* C'est absolument comme si vous disiez l'*Eau de l'Ar*, ou l'*Eau de l'Eau ;* car vous dites : le *Glacier du Glacier*...

Comme *ar* qui, en celtique signifie *eau*, *is*, dans la même langue, signifie *glace*, et nous le retrouvons encore dans quelques langues modernes : en anglais, *ice ;* en allemand, *eis*. Donc, le nom de notre Isère n'est autre chose que la traduction ou la reproduction littérale d'*Eau du glacier*, ou, si vous préférez, d'*Eau froide*... Voilà donc l'origine bien certaine de ce nom que je retrouve si fréquemment sur nos cartes. Voyez plutôt :

Leisse ou la *Leisse* (l'*Eisse*, sans doute), à Chambéry (1), l'*Asse*, en Provence, se retrouve sous le même nom de *Leisse* ou *Eisse* appliqué à un torrent qui se déverse dans le Doron, près du col d'Iseran ; au col de *Leisse* et à la rivière de ce nom qui sort d'un glacier au midi du lac de Tignes, en Tarentaise, pour se jeter dans le Doron de Lanslebourg ; le glacier de Leissières, au sud du lac de l'Ou-

(1) Ce torrent se nomme *Aisse* sur la carte de Chaix.

glieta, près du mont Iseran, ainsi nommé par l'état-major français. Remarquez bien que ces noms sont tous voisins du glacier de l'Isère, nommé sur la carte de l'état-major sarde : *Galise*, dont on retrouve encore l'équivalent dans le nom de *Val d'Ise* et le col du *Galisia*.

Je ne dédaigne point, messieurs, de consigner ici une épigramme citée dans le dernier volume des *Mémoires de l'Académie des sciences, lettres et arts de Savoie*, épigramme que le sieur Jean de Pyochet, de Salins, fit pour être placée en tête de l'*Amalthée* du sieur Marc-Claude de Buttet, votre poète du XVIe siècle :

Tant que le Loyr, Loyre, Lesse auront voie,
Enflant leurs cours à jamais non taris
En Vendômois, en Anjoue, en Savoye,
Vivra Vendôme, Angers et Chambéry.
Par son Ronsard le grand Loyr est chéri,
Par son Bellay Loyre fière se dresse.
Par son Buttet Lesse est faite déesse ;
Qui a tant haut votre gloire exaltée?
Respondez-moy, ô Loyr, ô Loyre, ô Lesse,
Cessandre, Olive et la belle Amalthée.

Remarquez encore, en passant, ces deux noms de *Loyr* et de *Loyre* qui se prononcent LOAR, mais qui sans doute ont bien changé de forme depuis la plus haute antiquité, en *transmutant* jusqu'à nous, — permettez-moi ce néologisme, — sous la forme *Liger* que les Romains lui avaient imposée et qui semble elle-même un reflet ou plutôt un écho de l'*Iser* ou *Isser*.

On retrouve encore ce nom d'*Isar* sous les formes *Iser* (à Munich) et *Isser* (dans la province d'Oran).

Ce dernier nom, sur la terre d'Afrique, va peut-être me créer un contradicteur parmi vous.

— Eh bien, lui répondrai-je, qu'y a-t-il là de bien étonnant ? L'Afrique, comme notre pays, n'a-t-elle pas été province romaine ? Qui vous dit qu'avant les conquérants ce mot n'y existait pas déjà par les mêmes lois qui y ont imprimé la trace des dolmens de l'époque préhistorique. On observe encore, dans cette contrée devenue arabe, une foule de mots qui se retrouvent précisément chez nous, sans qu'on puisse affirmer qui, le premier, a existé, de l'œuf ou de la poule.

Mais je m'éloigne de mon but; et, après vous avoir fait connaître mes idées au sujet du nom de l'*Isère,* je vous demande, Messieurs, la permission de passer sans transition à celui de la *Tarentaise*, sur l'origine duquel je n'ai, du reste, que quelques mots à vous communiquer.

Nous avons de ce nom un écho rétrospectif dans la *Darantasia* ou *Tarantasia* de l'époque romaine ou du moyen âge. Mais avant ces temps historiques ?... C'est toujours la même histoire, et nous retrouvons l'origine de ce nom dans le *dur*, *dwr* ou *dour* de l'époque dite celtique.

Une chose, en effet, dut frapper les Romains, devenus maîtres de l'Allobrogie : c'était le grand nombre, — plus considérable sans doute à cette époque, — de torrents de la vallée de l'Isère décorés du nom de *Doron* (1). De là, celui de *Darantasia* qu'ils donnèrent à ce pays, — s'il ne le possédait pas déjà, — par allusion au nom si commun de ses courants d'eau. Remarquons même que leur langue, en l'adoptant, en avait fait le mot *torrens*, et qu'ils ne le donnèrent pas seulement à la région torrentueuse de votre pays, mais encore à d'autres qui partageaient avec lui le triste privilège d'avoir beaucoup trop de ces incommodes et dangereux voisins. Nous le retrouvons en effet aussi chez les Voconces, dans le département actuel de la Drôme, au lieu de Saillans, que l'*Itinéraire de Bordeaux à Jérusalem* désigne sous le nom peu différent du vôtre de *Darentiaca* ou *Darentiacca*, et jusque dans le nom d'une place publique de cette localité, celle de la Daraise.

Là, Messieurs, doivent se borner les observations que j'ai voulu vous soumettre, et je désire que vous ne les trouviez pas indignes d'être prises en considération.

Grenoble, juillet 1885.

G. VALLIER,

Membre agrégé de l'Académie des sciences, belles-lettres et arts de Savoie; membre honoraire de l'Académie de la Val-d'Isère; membre correspondant de la Société savoisienne d'histoire et d'archéologie, de la Société florimontane d'Annecy et de la Société d'histoire et d'archéologie de la Maurienne.

(1) *Dur* et *is*.

ORGANISATION MUNICIPALE DES ALLUES

au XIVe siècle,

PAR J.-M. COUTEM

MESSIEURS,

Le petit pays que j'habite, et que j'aime autant peut-être par inclination naturelle que par devoir, ne fut point sans gloire dans le passé. Le nom même qu'il porte dès les temps les plus reculés, nous rappelle ce fait, aujourd'hui acquis à l'histoire, que notre bien-aimée Savoie était une terre de *franc-alleu*. C'est pourquoi j'ose en entretenir quelques instants cette docte assemblée, au sein même de cette antique cité de Montmélian qui conserve, écrites sur les restes de ses vieux murs, quelques-unes des pages les plus glorieuses de notre histoire nationale.

Sous le nom primitif de *Villa Gerona*, dont le petit village de *Nant-Gerel* perpétue le souvenir, les Allues formaient une des cinq vallées que saint Jacques d'Assyrie, premier évêque certain de Tarentaise, obtint du roi burgonde Gondicaire, vers l'an 428.

Sous le nouveau nom de *Vallis Allodiorum*, la possession des Allues fut confirmée aux archevêques de Tarentaise par les investitures que leur accordèrent le roi Rodolphe III en 996, et l'empereur Frédéric en 1186.

Cette substitution d'un nom à un autre vient évidemment de ce que les évêques donnèrent cette vallée en franc-alleu aux habitants, pour les intéresser davantage à la défense du pays pendant les fréquentes invasions de la Tarentaise, du VIe au XIe siècle.

Nos prélats n'oublièrent jamais que la vallée des Allues fut une de leurs premières possessions temporelles. Ils lui vouèrent une affection sincère que le temps n'affaiblit point, et dont ils donnèrent des preuves non équivoques.

Des chartes du 15 mai 1290 et du 28 janvier 1319 éliminèrent en dix-sept articles, et confirment les *franchises, libertés, privilèges* et *immunités* dont les habitants des Allues jouissaient *de temps immémorial* (1).

Une fois chaque année, un jour de dimanche, le vicaire général *in spiritualibus et temporalibus* se rendait aux Allues pour tenir les assises générales. A cette occasion, les communiers s'assemblaient

(1) Tous les documents cités dans cette étude sont aux archives communales des Allues.

dans la cour de la maison archiépiscopale, où les procureurs élus par l'assemblée faisaient le rappel de toutes leurs franchises. Ces procureurs restaient en fonctions une année : leur charge principale, pour ne pas dire unique, était de défendre les franchises, libertés, privilèges et immunités des habitants contre l'arbitraire des représentants de l'autorité temporelle des archevêques.

Ce même jour, l'assemblée nommait aussi des gardes forestiers et des gardes champêtres qui prêtaient serment entre les mains du châtelain.

A part ces réserves, toutes les affaires communales étaient administrées par le châtelain et le métral.

Mais le 10 mars 1359, Jean III de Bertrand voulant donner à *ses bien-aimés sujets des Allues une marque de sa paternelle dilection*, confirme leurs anciens privilèges, et les autorise à se choisir quatre syndics ou administrateurs pour gérer toutes les affaires de la commune.

Cet article, ajouté aux anciennes franchises, constitue un vrai code municipal. En voici une courte mais fidèle analyse :

1° Les quatre syndics sont élus par la majorité des communiers. — Leur mandat dure trois ans. — Ils peuvent s'adjoindre, en qualité de conseillers, les prieurs des trois confréries du Saint-Esprit existant dans la paroisse. — Ils peuvent aussi, quand ils le jugent à propos, se faire remplacer par un ou plusieurs procureurs, même en jugement.

2° A la fin des trois ans, un des syndics sortants fait annoncer à l'église, un jour de dimanche ou de fête solennelle, qu'une nouvelle élection aura lieu. Elle se fait à l'issue de la grand'messe, sur la place publique.

3° Les syndics ainsi élus sont chargés de régler tout ce qui concerne les forêts communales et les pâturages dans les montagnes.

4° Ils choisissent deux gardes forestiers et deux gardes champêtres qui prêtent serment entre leurs mains.

5° Ils fixent les bans ou amendes à payer pour tous les délits commis dans les forêts ou dans les propriétés.

6° Ils tiennent un rôle exact des délinquants qui leur sont signalés par les gardes.

7° Au jour des assises générales et à l'expiration de leur mandat, ils remettent ce rôle au châtelain, chargé de faire payer l'amende.

8° Ils peuvent effacer de ce rôle les noms de ceux qui ne leur paraissent pas coupables, ou peu en état de payer l'amende. Malgré les réclamations des gardes, le châtelain doit s'en tenir au rôle remis par les syndics.

9° Ils veillent à ce que les chemins soient bien entretenus. — Ils les visitent de temps en temps. Celui tendant du chef-lieu à la sortie des montagnes doit avoir une largeur de sept pieds ; les syndics s'en assurent au moyen d'une perche d'arpenteur dont ils sont munis en faisant leur visite. Ils dénoncent immédiatement à l'officier archiépiscopal ceux qui dégradent les chemins. — La réparation s'en fait aux frais des délinquants ou des propriétaires riverains.

10° Les syndics peuvent faire réparer le grand chemin tendant aux Allues et entretenir les ponts, uniquement aux frais des propriétaires riverains.

11° Assistés de deux ou plusieurs hommes, les syndics répartissent entre tous les communiers les dépenses faites dans l'intérêt de la communauté, ou les redevances dues au seigneur-archevêque.

12° Ils fixent la somme à payer par les forains qui demandent à devenir communiers des Allues.

13° Ils font, accompagnés d'un garde, la visite des maisons, et prescrivent toutes les précautions nécessaires pour prévenir les incendies.

On le voit : administration forestière, police rurale, sûreté publique, voirie, finances, justice même, dans une certaine mesure, tout cela rentrait dans les attributions des syndics. Franchement, c'est à faire rêver nos honorables maires. Cependant, déjà au milieu du XIVe siècle, la décentralisation rencontrait des adversaires. Les agents de l'autorité temporelle des archevêques virent avec peine ce nouvel ordre de choses et mirent tout en œuvre pour empêcher l'usage de ces nouvelles franchises. Ils exploitèrent habilement les absences prolongées de Jean du Betton (1365-1378), la vacance du siège (1378-1382) et même la mort tragique de Rodolphe de Chissé (1385). Enfin, ils firent tant et si bien que le 28 mai 1403, Aymon IV intente un procès aux communiers et aux syndics des Allues. Les premiers étaient accusés d'avoir élu des syndics sans permission ; et ceux-ci, à leur tour, d'avoir élu des gardes forestiers et reçu leur serment sans en avoir le droit.

Le 30 juillet suivant, les syndics des Allues répondirent par une supplique dans laquelle ils rappelaient toutes leurs anciennes franchises. Une enquête eut lieu ; et enfin, le 11 juillet 1405, Jean Tissot, official et vicaire général *in spiritualibus et temporalibus* d'Antoine de Chalant, rendit une sentence qui donnait gain de cause aux syndics et aux habitants des Allues, et confirmait de nouveau leurs franchises, libertés, privilèges et immunités, sans exception. De nombreux actes de confirmation de ces mêmes franchises prouvent le soin jaloux des habitants à les conserver. C'est peut-être grâce à ce soin qu'ils en jouirent jusqu'en 1769, époque où l'autorité du roi de Sardaigne remplaça définitivement l'autorité temporelle des archevêques de Tarentaise.

J.-M. COUTEM,

Curé des Allues, membre effectif de l'Académie de la Val-d'Isère.

LES

IMPOTS D'AUTREFOIS ET D'AUJOURD'HUI

RÉPONSE DE M. DUCIS

AU MÉMOIRE DE M. BORREL, DU CONGRÈS D'ALBERTVILLE

M. Ducis répond d'abord à l'appel fait par M. Munier, que les 760 minutaires de notaires qu'il a collectionnés aux archives de la Haute-Savoie, contiennent un grand nombre d'actes de mariage, dont ceux antérieurs à 1540 sont rédigés en latin et donnent en cette langue les détails de trousseaux.

Passant à la communication de M. Fivel, M. Ducis dit que sur les diverses brochures qu'il a publiées : *Mémoires sur les voies romaines de la Savoie*, souscrit par le Ministère ; *les Allobroges à propos d'Alésia ; le Passage d'Annibal du Rhône aux Alpes ; Questions archéologiques sur les Alpes de la Savoie, les Alpes graies, pœnines et cottiennes*, etc., il a établi, à l'appui des auteurs classiques grecs et latins, un ensemble de faits contradictoires aux assertions de de M. Fivel, et qu'il les confirmera dans deux autres études sous presse.

Il aborde ensuite la question annoncée au programme. M. Ducis dit qu'il n'a pas à relever les erreurs de M. l'architecte Borrel sur les impôts de la vallée de Bozel (M. Garin l'a fait d'une manière irréfutable), ni sur les impôts de la Tarentaise (M. l'abbé Borrel le fera après lui). Il ne veut que rétablir la vérité pour la Savoie en général, à laquelle M. Borrel a étendu ses assertions, en s'appuyant sur Gaspard Bally.

La rédaction du Mémoire de M. Ducis n'ayant pu être achevée, par suite d'une fatigue extrême qu'il a éprouvée depuis quelques mois, nous donnons ici le résumé de sa communication verbale.

L'auteur remonte aux origines du système féodal et des diverses situations et redevances qu'il entraînait ; il en établit la légitimité et la modération, d'après les titres nombreux conservés aux archives. Il prouve surtout que la dîme était souvent trois, quatre et cinq fois moindre que la taille royale imposée par le cadastre de 1729-38.

La famille régnante, ne vivant que du produit de ses terres, comme les autres familles nobles et comme le clergé, recourait à des subsides extraordinaires pour faire face aux grands intérêts de l'Etat. Ils étaient votés dans les assemblées des trois Etats, et soldés par les provinces, le clergé et les bannerets. La liste de ces sommes, dès le XVIe siècle jusqu'au XVIIIe, forme une moyenne de 50,000 francs de notre monnaie par année.

Après le recouvrement de la Savoie en 1560, et pour réparer les brèches précédentes, Emmanuel-Philibert établit l'impôt du sel, qui atteignait toutes les familles, en proportion du personnel et des bestiaux qu'elles entretenaient.

Puis, à l'initiative des terriers féodaux, qui constataient les redevances affectées aux contenances des terres censives, il fit dresser un cadastre des terres libres, pour y asseoir un impôt à la place de celui des gabelles du sel, et basé, en moyenne, sur le 25e du revenu net. Cette péréquation fut élaborée entre 1584 et 1594. La noblesse, qui devait le service militaire, et le clergé, chargé du service religieux, en étaient exempts pour les biens affectés à ces services et antérieurs à 1584. Il y avait aussi des exemptions pour la magistrature en fonctions, les localités logées de soldats, les familles reconnues pauvres, les villes payant leurs franchises, c'est-à-dire l'équivalent, et pour les lieux frappés par quelques fléaux.

Cet impôt s'élevait à 897,182 livres pour les terres libres. Les dîmes laïques étaient de 41,985 livres. Les dîmes ecclésiastiques, destinées à l'entretien des édifices religieux ou bénéficiaires, s'élevaient à 510,931 livres, en tout 1,450,098 livres. La livre de Savoie, qui valait, au milieu du XVIIe siècle, 1 fr. 50, ne valait plus, à la fin du XVIIIe, que 1 fr. 20, d'après le rapport de la *Commission des poids et mesures*.

L'œuvre du nouveau cadastre de 1729-38 estima le revenu des terres de Savoie à près de 6 millions de livres, déduction faite des frais de culture, éleva la taille royale sur des terres libres au 5e du revenu, moins un 76e, en totalité à 1,063,859 livres. Dans ce système, les provinces de Famigny, de Tarentaise et de Maurienne furent déchargées, et celles de la Savoie, du Genevois et du Chablais furent augmentées.

Quant aux terres féodales et ecclésiastiques, les opérations cadastrales portèrent l'estime à 6 millions. L'œuvre des affranchissements de servis féodaux pour soumettre les terres à la taille royale, souffrit beaucoup d'opposition ; car cette perspective offrait une aggravation considérable sur les tributs anciens. Toutefois, plus de 2 millions étaient déjà soldés en 1790. Sous la République française, les biens non encore rachetés furent saisis et vendus comme biens nationaux, et leurs acquéreurs furent cotés à la taille.

D'après M. Ducis, l'aisance relative des familles à toutes les époques, ressort des actes de mariage, testaments, ventes, échanges, loyers de terres et de bestiaux, inventaires et liquidations de commerce, commandes de fabriques, acquisitions d'établissements, prix faits, etc., que l'on peut consulter dans la collection considérable de minutaires qu'il poursuit du XIIIe au XVIIIe siècle.

Sous le premier Empire, en 1809, les deux départements du Mont-Blanc et du Léman, moins l'arrondissement de Genève, qui comprenait l'ancienne province de Carouge, versaient au trésor 3 millions. Cette somme ne fit qu'augmenter. Dès 1815, plusieurs impôts furent supprimés, d'autres droits diminués. Mais depuis la division de la Savoie en deux intendances générales, celles de Chambéry et d'Annecy, en 1842, les travaux prirent une grande extension ; le versement de tout le duché était de 4 millions en 1845. L'augmentation fut sensible depuis 1848. Toutefois, un tiers revenait pour solder les travaux publics. En 1854, l'impôt des maisons, jusqu'alors exemptes, vint s'ajouter aux tributs croissants.

Mais c'est surtout depuis 1860 que tout a augmenté : frais de justice, émoluments de notaire, additions des contributions indirectes, des portes et fenêtres, etc. Au point que, en 1865, les deux départements réunis soldaient, en contributions directes et indirectes, 5,343,915 francs, et, avec tous les autres droits, la somme totale de 15 millions. (Extrait de la *Statistique officielle de la France.*)

Sans doute, il en revenait pour les constructions de routes, de mairies et d'églises. Mais combien de communes ont été obligées de doubler, de tripler leurs budgets pour correspondre aux offres de l'Administration, et n'ont pas retiré le bénéfice de leurs avances.

Depuis 1870 et surtout 1876, la marche ascendante des impôts s'accentue annuellement, tous les rapports officiels le constatent.

La fatigue empêche M. Ducis de continuer.

Est-il vrai que nous payons deux fois et demie moins d'impôts aujourd'hui qu'en 1790 ?

Réponse à M. BORREL, Architecte,

Par J.-E. BORREL, Professeur,

Licencié ès lettres, Secrétaire de l'Académie de la Val-d'Isère.

(Mémoire lu au Congrès de Montmélian, le 11 août 1885.)

M. Borrel, vice-président de l'Académie de la Val-d'Isère, a lu au Congrès d'Albertville un Mémoire qui produisit une certaine sensation. C'est une étude sur les impôts en Tarentaise sous l'ancien régime. La conclusion de son Mémoire est que les habitants de la Tarentaise « versent dans la caisse du percepteur une « *somme totale* pour les *contributions* et les *impôts* « deux fois et demie moindre qu'en 1790, quatre fois et « demie moins forte que vers le milieu du XVIIe siècle, « et plus de cinq fois plus faible qu'au XIVe siècle (1). »

Une telle conclusion est au moins surprenante : on ne peut l'admettre avant d'avoir vérifié les preuves sur lesquelles elle repose. J'ai voulu examiner ces preuves, et je les ai trouvées peu solides : le calcul de M. Borrel m'a paru en partie erroné, et l'étude que j'ai l'honneur

(1) Compte rendu, p. 200.

de vous soumettre a pour objet de signaler les erreurs dans lesquelles notre savant collègue est tombé. Je suis d'autant plus à l'aise en le faisant, que lui-même a écrit à la première page de son Mémoire : « La plupart des « erreurs historiques sont souvent écrites de bonne foi, « certainement, mais elles n'en sont pas moins des er- « reurs, et celui qui les découvre *doit se faire un de-* « *voir de les combattre* (1). » Ainsi, en venant combattre ses conclusions, je suis assuré de lui faire plaisir, puisque je remplis un devoir qu'il m'a lui-même imposé.

En m'aquittant de ce devoir, je ne perdrai pas de vue un seul instant le caractère de l'auditoire auquel je m'adresse. Je ne viens point discuter la loi des finances : c'est l'affaire de nos législateurs. Je ne viens pas non plus examiner l'assiette de l'impôt ou le mode le plus équitable de sa répartition : cela regarde et nos législateurs et nos économistes. Je viens fournir quelques renseignements à des historiens, à des érudits qui désirent se prononcer en connaissance de cause sur ce fait exclusivement historique : est-il vrai que les habitants de la Tarentaise payent aujourd'hui deux fois et demie moins d'impôts qu'en 1790 ? C'est une question de simple arithmétique. Toutefois, avant de l'aborder directement, il me paraît utile de présenter quelques observations sur les considérations faites par M. Borrel, relativement aux impôts de l'ancien régime.

Remarquons d'abord que les noms des impôts an-

(1) Compte rendu, p. 184.

ciens, devenus aujourd'hui presque barbares : laods, plaids, sufferte, servis, etc., cités par notre honorable collègue avec une complaisance peu dissimulée, peuvent, il est vrai, apitoyer sur le sort de nos ancêtres quelques lecteurs peu attentifs, mais ils ne sauraient tromper ceux qui ne se payent pas de mots : les mots ne font rien à la chose : les termes de *contribution foncière* et de *régie*, pour être plus modernes que les expressions *taille* ou *gabelle*, ne sont pas moins des noms d'impôts. Ce qui importe, c'est le chiffre de l'impôt, et non le nombre ou la bizarrerie des noms sous lesquels nous le payons.

Au sujet des anciens impôts, le travail de M. Borrel présente une confusion regrettable. Il laisse supposer qu'en 1790, nos ancêtres payaient encore tous ces droits seigneuriaux qu'il se plaît à énumérer : laods, plaids, servis, châtellenies, curialités, alpéages, leyde, etc. La vérité est que l'ancien régime qui est tombé en 1790, ressemblait fort peu à l'ancien régime du XIIe et du XIIIe siècle ; la plupart des communes s'étaient affranchies et avaient racheté ces droits seigneuriaux. En n'établissant aucune distinction entre les siècles de l'ancien régime, en laissant supposer que la législation du XIIe siècle était encore partout en vigueur en 1790, M. Borrel, involontairement sans doute, jette l'esprit de ses lecteurs dans une erreur grossière.

Ce qu'il dit des serfs peut également égarer des lecteurs peu familiers avec l'histoire ancienne. On ne s'attendait pas à rencontrer une dissertation sur le servage à propos des impôts de 1790. Il ne faudrait pas croire que le servage est une institution de l'ancien régime, et que l'homme de la glèbe a été affranchi en 1790. L'esclavage remonte plus haut que le moyen âge. On sait que les célèbres républiques d'Athènes et de Rome étaient peuplées de millions d'esclaves et de quelques milliers d'hommes libres seulement. La vérité historique exige qu'on regarde le christianisme comme la principale cause de l'abolition de l'esclavage. Malheureusement, la loi de sainte liberté proclamée par le christianisme n'a été appliquée par les hommes que peu à peu ; hier encore, une partie des républicains des Etats-Unis prenaient les armes pour s'opposer à son application. Puisque M. Borrel déclare que le bien-être des paysans est dû à la disparition des privilèges du clergé (1), on doit regretter qu'il n'ait pas signalé en regard les services rendus par ce même clergé à la cause de la liberté.

J'aurais encore un petit mot à ajouter à ce sujet. M. Borrel dit que la liberté n'a pas été donnée aux esclaves, mais qu'elle leur a été vendue fort cher (2). Cela me paraît difficile à entendre. Car si le serf, le mainmortable est l'homme dont la main est *morte pour lui*, ne travaillant que pour *un autre* qui en tire *tout le profit* (3), comment a-t-il pu payer si cher son affranchissement? On a exigé le 40 0/0 du montant de ses avoirs ! Mais le 40 0/0 des avoirs d'un homme qui n'a rien ne forme pas une grosse somme. Et si l'on veut

(1) Compte rendu, p. 199.
(2) Compte rendu, p. 196.
(3) Compte rendu, p. 191.

que ce 40 0/0 ait constitué une somme importante, il faut reconnaître que ce serf, que ce mainmortable n'était pas dans une situation aussi malheureuse que celle des anciens esclaves.

Passons maintenant à ce que dit M. Borrel de l'emphytéote. Par le sombre tableau qu'il nous fait de sa situation, on reconnaît aisément qu'il avait mis beaucoup de noir sur sa palette (1). Il n'a négligé qu'une chose : c'est de nous dire ce que c'est que l'emphytéose. C'était cependant important ; car si l'emphytéose est une sorte de bail, on ne doit point s'étonner si l'emphytéote éprouve de la difficulté à payer ses redevances les années de mauvaise récolte ; s'il peut être chassé des terres qu'il cultive, dans le cas où il laisse passer trois ans sans payer les redevances convenues ; s'il ne peut aliéner les biens qu'il tient en emphytéose, sans que le seigneur perçoive un impôt connu sous le nom de laod, etc. Or, d'après Bailly, que M. Borrel cite souvent, l'emphytéose est ainsi définie : « Un contrat par « lequel le propriétaire d'un fonds de terre, moyennant « un certain prix ou une certaine pension annuelle, le « donne à cultiver pour un temps limité ou à perpé- « tuité, faisant ainsi passer sur la tête de l'emphytéote « le domaine utile, et conservant pour lui-même le do- « maine direct. » Par cette définition, on voit que l'emphytéote n'était pas un propriétaire dans le sens actuel de ce mot : c'était un fermier. Sa condition n'était pas très heureuse, mais elle ressemblait à celle des fermiers

(1) Compte rendu, p. 190-191.

de nos jours. Peu à peu les emphytéotes se sont affranchis en traitant avec leurs seigneurs, et ils sont devenus ainsi de vrais propriétaires. Nous n'avons pas à examiner s'il était juste que l'emphytéote fût obligé de payer certaines redevances à son seigneur; ce serait faire invasion dans le domaine de l'économie politique, et ressusciter la querelle de l'école qui veut que la terre appartienne au laboureur, et l'usine à l'ouvrier. Une telle discussion n'entre pas dans notre sujet.

Avant de sortir de ces considérations générales sur les anciens impôts, je dois encore attirer l'attention sur une affirmation catégorique de M. Borrel. Je lis, en effet, dans le compte rendu du Congrès d'Albertville, page 189 : « La principale cause de l'écrasement du pay-
« san pendant l'ancien régime, par l'impôt, fut l'édit
« de Charles-Emmanuel Ier, du 15 novembre 1605, or-
« donnant que les seigneurs jouiraient du droit de pré-
« lation et seraient préférés à tous autres en l'achat
« des biens se mouvant de leurs fiefs..... Tous les
« fonds relevant de fiefs revenaient donc aux sei-
« gneurs..... » Or, il paraît certain que ce fameux édit, que M. Borrel signale comme la principale cause de l'écrasement du paysan, n'a jamais été appliqué. Je l'ai lu, et il m'a été facile de me convaincre qu'il n'établissait pas un droit nouveau, mais qu'il consacrait un droit ancien. Afin de diminuer le droit de mutation, appelé alors laod, on substituait dans les actes de vente, comme on le fait encore aujourd'hui, un prix fictif inférieur au prix réel. Ainsi le laod se trouvait réduit et le seigneur lésé. Afin de prévenir ces fraudes, on créa le

droit de prélation, en vertu duquel le seigneur qui croyait le prix de vente trop peu élevé pouvait se porter acquéreur à ce prix. Charles-Emmanuel Ier, par l'édit du 15 novembre 1605, a essayé de faire revivre cet antique droit, mais il ne paraît pas que sa tentative ait eu de fâcheux résultats pour le paysan. Nous lisons, en effet, dans un ouvrage publié en 1674, dédié à S. A. R. Charles-Emmanuel II, sur l'*État de la justice au pays de Savoie*, par noble Charles-Emmanuel Deville, conseiller de S. A. R. et sénateur de Savoie :

« Plusieurs ont cru le droit de prélation éteint, « même le président Favre ; néanmoins, il *semble* être « encore en sa vigueur suivant l'édit (celui du 15 novembre 1605) ; il n'a pourtant lieu que dans la vente, « et *je n'ai pas même vu qu'il ait été adjugé, y ayant* « *apparence qu'il est aboli per non usum.* » (Voir 11e part., liv. Ier, p. 75.)

Quand un tel juriste déclare qu'il ne connaît aucune application de cet édit, qu'il est aboli *per non usum ;* quand, d'un autre côté, Bailly soutient (1) que cet édit *n'a plus lieu*, l'affirmation de M. Borrel de l'écrasement du paysan par suite de l'édit de Charles-Emmanuel Ier, doit, il me semble, jusqu'à preuve du contraire, prendre place dans la liste des erreurs historiques.

Mais il est temps de sortir des généralités et d'aborder la question purement mathématique.

Est-il vrai que le montant des impôts payés par la

(1) Bailly, p. 123.

Tarentaise est deux fois et demie moins élevé qu'en 1790 ?

Discutons les chiffres de M. Borrel pour l'année 1790. « La taille royale, dit-il, d'après Grillet, était « pour la province de Tarentaise de 128,732 livres, « lesquelles multipliées par 2,53, multiple de la taille « pour ses accessoires, la capitation, l'impôt des routes « et autres... » Comme nous sommes ici dans le domaine des sciences exactes, les suppositions arbitraires ne sauraient constituer les éléments d'un calcul rigoureux. Je me permets donc de poser à notre savant collègue une série de questions :

1° Comment prouveriez-vous que la taille doit être multipliée par 2,53, et non par un autre multiple, pour connaître le montant réel de la taille et de ses accessoires en Tarentaise ?

2° En supposant qu'à une certaine époque cette multiplication ait été légitime, en était-il encore de même en 1790 ; car nous parlons de cette année-là, et non d'une époque antérieure ?

3° L'impôt de la capitation, dont vous parlez, a été créé en France en 1695.

Il a été aboli, puis rétabli ; il ne produisait que 25 millions. Je demanderai s'il existait aussi en Savoie, s'il existait en 1790, et à combien il s'élevait pour la Tarentaise ?

4° Vous parlez de l'impôt des routes commme accessoire de la taille (p. 197), et, à la page suivante (198), vous dites : « Outre la taille... il y avait le péage des « ponts et des chemins. » Il y avait donc deux impôts :

l'impôt des routes et *le péage des chemins?* Si, par impôt des routes, vous entendez les travaux de construction des routes, cet impôt ne se confondrait-il pas avec les corvées, que vous avez eu soin de ne pas omettre. ? De plus, cet impôt des routes existait-il en Tarentaise à l'époque dont nous parlons ? et à quelle somme se montait-il ? Il faut, en effet, des données positives pour multiplier par 2,53 une somme de 128,732 livres.

Grillet, à l'endroit cité, parle de la taille et nullement de son multiple 2,53. Si M. Borrel justifie la nécessité de cette multiplication, je n'hésiterai pas à rectifier mon calcul, car je ne poursuis que la vérité. Mais, en attendant de nouvelles preuves, j'inscris pour la taille le chiffre de Grillet, 128,732 livres.

La dîme ecclésiastique était de . . . . 53,938 livres.
La dîme laïque, de. . . . . 1,891 livres.

A la suite de ces nombres, M. Borrel inscrit les droits féodaux pour une somme de 55,829 livres, soit le montant des deux dîmes. Je conteste absolument l'exactitude de ce chiffre. En France, au XVIIIe siècle, la dîme s'élevait à 133 millions, et les droits seigneuriaux à 35 millions seulement, soit quatre fois moins (1). Étaient-ils donc plus élevés chez nous, ces droits seigneuriaux ? Il faudrait le démontrer. M. Borrel insinue même le contraire ; il a écrit : « Sous l'ancien régime, les pro- « priétaires taillables savoyards, pendant qu'*ils furent*

(1) DURUY, *Histoire de l'Europe,* p. 454.

« *sous la domination des rois de France*, payèrent le
« *mêmes impôts écrasants* que les propriétaires tai
« lables des autres provinces françaises (1). » D'où j
conclus qu'en général les impôts étaient plus lourds e
France qu'en Savoie.

Mais il y a plus. En 1790, la plupart des droit
seigneuriaux avaient disparu : les communes s'étaien
affranchies de ces droits en les rachetant. Grillet di
positivement que le montant de l'affranchissement d
la Tarentaise était de 139,283 livres, et qu'en 1790 i
avait déjà été versé sur cette somme 123,983 livres
A l'époque dont nous parlons, il ne restait à verse
qu'une somme de 15,300 livres en capital, soit une an
nuité de 800 livres environ. C'est cette dernière somm
qui doit être substituée au chiffre évidemment trè
exagéré de 55,829 livres, figurant sous la rubrique d
droits féodaux.

J'ai encore une rectification à faire au calcul d
M. Borrel sur les impôts payés par la Tarentaise e
1790. Il croit que la livre de 1790 et le franc actuel son
dans le rapport de 1 à 4. Sans contester la dépréciatio
de l'argent, sans nier qu'il y ait une réelle différenc
entre la livre ancienne et le franc actuel, je crois qu
le rapport de 1 à 4 est trop élevé. M. Borrel essaie, i
est vrai, de justifier ses données en s'appuyant sur l
prix des denrées et de la journée des ouvriers. Mais i
ne remarque pas que la Tarentaise est un pays agricole
que le bétail y abonde. La difficulté des communica-

(1) Compte rendu, p. 197.

tions et les douanes rendaient difficile l'exportation du bétail en France ; il devait donc être vendu sur place, par conséquent à bas prix. Ajoutez que les lois de l'abstinence étaient généralement observées, ce qui devait encore avilir le prix de la viande. Aujourd'hui, au contraire, grâce aux comices agricoles, notre race tarine est classée et appréciée à l'étranger ; le chemin de fer nous permet d'envoyer nos vaches laitières dans le midi de la France, et nos moutons sur le marché de Lyon. De plus, la viande est devenue l'aliment le plus ordinaire. Il faut donc éviter de tirer une conclusion générale de quelques faits particuliers que différentes circonstances expliquent. Il ne faut pas dire : la viande est quatre fois plus chère à Moûtiers qu'en 1790, donc l'argent vaut quatre fois moins. Pour que le raisonnement fût juste, il faudrait que tous les objets eussent une valeur quadruple. Or, cela n'est pas. Le pain, par exemple, est-il aujourd'hui quatre fois plus cher qu'en 1790 ?

L'élévation, chez nous, du prix d'une journée d'ouvrier, comparé au prix d'autrefois, ne peut pas non plus servir de base à la valeur de l'argent. Il ne faut pas perdre de vue que notre annexion à la France, la facilité des moyens de transport, ont amené un immense courant d'émigration vers Paris ; la main-d'œuvre dans nos campagnes est devenue rare, et par suite très chère. Aussi un fonds de terre (s'il ne s'agit pas d'un vignoble, que le phylloxera a rendu précieux) qui se louait 100 fr. en 1790, est loin de se louer 400 fr. aujourd'hui : cela devrait être cependant si l'argent avait quatre fois moins de valeur. Je connais des exemples de propriété louées avec la seule charge imposée aux fermiers d payer les impôts ; d'autres sont affermées pour des pri dérisoires, nullement en rapport avec la valeur vénale Comment croire, après cela, que les propriétaires dor je parle doivent, pour garder la proportion, payer u impôt quatre fois plus élevé que celui que payaier leurs pères en 1790 ?

Par quel nombre faut-il donc multiplier la livre d 1790 pour avoir sa valeur en francs actuels? — Il es difficile d'indiquer un multiple rigoureusement exac M. d'Avenel, cité par M. Borrel, fait un calcul d'où résulte que la livre de Louis XIII vaut 6 francs aujour d'hui. A M. d'Avenel, j'opposerai M. Victor Duruy dont le nom ne sera pas récusé par M. Borrel. En par lant de Mazarin, qui fut encore ministre de ce mêm Louis XIII, il dit qu'il laissa en mourant 100 millions qui en vaudraient *trois* ou *quatre* fois autant aujourd'hu Donc, d'après M. Duruy, pour trouver la valeur de l livre *trois* ou *quatre* fois plus forte que le franc actue il ne suffit pas de revenir à la date de 1790, mais il fau remonter cent vingt-neuf ans plus haut, c'est-à-dire e 1661. Me fondant sur l'autorité de cet historien, j crois être le plus près possible de la vérité, en multi pliant la livre de 1790 par 2 1[2. Par suite, voici com ment s'établit le compte des impôts en Tarentaise, pou l'année dont nous parlons :

Taille royale	128.732	livres.
Dîme ecclésiastique	53.938	—
Dîme laïque	1.891	—
Annuité sur les droits féodaux non éteints.	800	—
TOTAL.	185.361	livres.

lesquelles, multipliées par 2,5, donnent 463,402 francs actuels. Si l'on divise cette somme par 49,315 habitants à cette date, on obtient la moyenne de l'impôt, qui était de 9 fr. 39 c. par tête. Nous sommes loin des 35 fr. 45 c. trouvés par M. Borrel.

Cette exagération, toutefois, ne me surprend que médiocrement : elle s'explique en partie par la plus-value donnée à la livre ancienne ; mais, ce qui m'étonne, ce qui me paraît inexplicable sous la plume d'un homme aussi compétent, c'est le compte des impôts pour l'exercice 1882, où je ne vois pas figurer les contributions indirectes. Cet impôt, pour être indirect, n'est pas moins obligatoire. Quel est le paysan qui peut éviter de payer des *droits de succession* à la mort de son père ? Si le père ne laisse rien ou laisse des dettes, il devra user de *papier timbré* pour renoncer à la succession.

Après avoir reproché à M. Garin de regarder la dîme comme le seul impôt payé par le laboureur de Bozel aux archevêques de Tarentaise (1), M. Borrel commet lui-même une faute toute semblable. Faisant allusion

(1) Compte rendu, page 185.

au Mémoire dont je combats les conclusions, il écrit dans le journal *le Tarin*, numéro du 11 avril 1884 : « J'ai établi que les impôts en Tarentaise étaient, en « 1790, de 1,749,396 francs de nos jours, et qu'ils « n'étaient que de 482,050 fr. 11 c. en 1882. » Or, ce chiffre de 482,050 fr., qu'il donne comme montant des impôts en 1882, ne représente que les seules contributions directes, c'est-à-dire la plus faible partie de l'impôt, comme nous le verrons bientôt. Avant 1790, au contraire, les impôts indirects avaient une importance relativement minime. En France, les aides ou impôts indirects ne produisaient, avant Colbert, que 1,500,000 livres ; ce ministre les porte à 21 millions de livres, ce qui formait moins du cinquième de l'impôt, qui se montait à 112 millions (1).

Voici le détail des impôts, officiellement connus, payés par la Tarentaise pour l'exercice 1883. J'emprunte le chiffre des prestations à M. Borrel, tous les autres m'ont été fournis par le ministère des finances :

CONTRIBUTIONS DIRECTES

Contribution foncière..	Propriétés non bâties . .	292.215 04
	Propriétés bâties. . . .	23.433 23
Contribution personnelle et mobilière.		48.226 86
Contribution des portes et fenêtres.		35.415 05
Contribution des patentes.		53 133 51
Total des contributions directes.		452.423 69

(1) Duruy, *Histoire de l'Europe*, pages 144-145.

TAXES ASSIMILÉES AUX CONTRIBUTIONS DIRECTES

Redevances des mines.	688 47
Taxe des biens de mainmorte	6.642 12
Droits de vérification des poids et mesures. . . .	1.906 92
Droits de visite des pharmacies et magasins de drogueries.	264 »
Contribution sur les chevaux, voitures, mules et mulets	547 24
Taxe sur les billards publics et privés.	145 20
Taxe sur les cercles, sociétés et lieux de réunion. .	185 05
Total des taxes assimilées.	10.379 »
Rôle des prestations.	42.045 »

CONTRIBUTIONS INDIRECTES

Enregistrement	178.944 »
Régie des contributions indirectes.	229.465 »
Postes et télégraphes	117.350 »
Total des contributions indirectes. . . .	525.759 »

TOTAL GÉNÉRAL : *Un million trente mille six cent six francs soixante-neuf centimes* (1,030,606 fr. 69 c.).

Cette somme, divisée par 34,591 habitants, en 1883, donne 29 fr. 79 c. par tête, chiffre supérieur au triple de celui de 1790.

Il est vrai qu'en établissant le compte de 1790, j'ai dû omettre, faute de données précises, les accessoires de la taille et divers autres impôts, dont le montant inconnu échappe au calcul ; mais, par compensation, j'omets également un grand nombre d'impôts dans le compte de 1883. J'en indique quelques-uns :

1° L'impôt du sang. Je ne conteste ni l'utilité, ni la

légitimité du service militaire actuel ; mais, au nom de l'histoire, il m'est permis de dire qu'une partie des impôts payés en 1790 était employée au recrutement de l'armée, composée en grande partie de mercenaires. Si le paysan payait la taille et la dîme, il ne se voyait pas privé de son fils aîné pendant trois ou quatre ans ; il le gardait auprès de lui pour cultiver le champ d'où il tirait le produit de l'impôt. En supposant que la Tarentaise fournisse en moyenne un contingent de cinquante soldats, et en évaluant à 3,000 fr. le prix de l'exonération ou d'un remplaçant, nous trouvons un nouvel impôt de 150,000 francs. Il n'est donc pas exact de dire que, sous l'ancien régime, les populations rurales ne recevaient *rien* en retour des impôts écrasants qu'elles payaient (1) : elles recevaient des défenseurs pour la patrie, qu'elles fournissent elles-mêmes aujourd'hui en sus de l'impôt. En rappelant ces choses, je ne saurais trop le répéter, je suis loin de louer le système ancien ou de blâmer le système actuel : je me borne à coustater des faits.

Il est encore juste de remarquer que si les nobles jouissaient de grands privilèges quant à l'impôt, comme le dit M. Borrel (2), ils étaient par contre obligés au service militaire, au service personnel ; la cavalerie française était composée presque exclusivement de nobles ; cette cavalerie était excellente et formait la véritable force de l'armée. Ces renseignements sont

(1) Compte rendu, page 199.

(2) Compte rendu, page 199.

tirés d'un ouvrage peu suspect, dû à la plume d'un inspecteur général de l'instruction publique, M. Chéruel (1).

Outre l'impôt du sang, nous payons encore :

2° L'impôt du timbre pour achat ou vente des valeurs mobilières ;

L'impôt sur les coupons autres que la rente française ;

L'impôt sur les allumettes ;

L'impôt sur les cartes à jouer ;

L'impôt sur les bougies ;

L'impôt sur le papier ;

L'impôt sur les vins, que nous recevons francs de droits de régie ;

L'impôt sur ces mille objets que nous achetons à Paris et ailleurs, et que le négociant nous vend cher, parce qu'il nous fait supporter ses droits de patente et d'octroi.

Tous ces impôts et ceux que j'ai omis sont réellement payés par nous ; mais comme ils ne sont pas versés dans la caisse des receveurs financiers de l'arrondissement de Moûtiers, ils ne figurent pas dans le compte ci-dessus des impôts en 1883.

Comme on le voit, il est impossible d'établir avec précision le montant des impôts d'un arrondissement en particulier. Il est plus facile de connaître l'ensemble des impôts de la France entière.

Or, si l'on additionne les impôts nationaux, départe-

(1) CHÉRUEL, *Dictionnaire historique des Institutions*, p. 861-862.

mentaux et communaux, on trouve que chaque Français paie de 100 à 110 francs par an, en chiffres ronds.

Il est vrai que la quotité de la Tarentaise sera au-dessous de la moyenne générale ; néanmoins, il y a un tel écart entre le chiffre moyen et celui de 13 fr. 93 c. donné par M. Borrel, que ce dernier chiffre ne peut soutenir un sérieux examen. En toute hypothèse, il est matériellement impossible d'indiquer un nombre inférieur à celui de 29 fr. 79 c., résultant des documents officiels.

De ce qui précède, il m'est permis de conclure :

1° Que les impôts, même en tenant compte de la dépréciation de l'argent, payés par la Tarentaise, ont été beaucoup plus élevés en 1883 qu'en 1790 ;

2° Que, s'il n'est pas facile de préciser dans quelle proportion ils ont été plus élevés, on peut, sans craindre de trop exagérer, dire qu'ils l'ont été trois fois plus.

Cela admis, et il me semble difficile de ne pas l'admettre, je reconnais, d'un autre côté, les points suivants :

1° L'assiette de l'impôt actuel est établie d'une manière plus équitable. Certains privilèges anciens ont pu être dans certains cas excessifs : leur disparition a rendu plus juste la répartition de l'impôt;

2° Chaque âge profite des progrès accomplis dans l'époque précédente ; nous marchons à l'aise dans les sentiers frayés péniblement par nos pères ; nous cueillons des fruits sur les arbres qu'ils ont plantés ; le commerce et l'industrie, qu'ils ont vus à l'état d'ébauche, nous procurent aujourd'hui une aisance relative; ils font circuler la richesse qui se trouve ainsi à portée d'un plus grand nombre de mains. Pour ces raisons, ne nous est-il pas aussi facile de donner 3 francs d'impôts, qu'à nos pères 1 franc? Je ne serais pas éloigné de le croire, et je m'en réjouis avec M. Borrel.

JOSEPH-EMILE BORREL,

Licencié ès lettres, secrétaire de l'Académie de la Val-d'Isère.

LES TEMPLIERS ET LES HOSPITALIERS

EN SAVOIE

Si l'histoire générale des services rendus à la chrétienté par ces deux ordres est connue dès leur origine au XIIe siècle, il n'en est pas de même pour leurs établissements qui, échelonnés le long des grandes voies de communication, offraient asile et assistance aux pèlerins et aux pauvres voyageurs se rendant aux lieux saints.

En Savoie, leurs hospices et leurs propriétés étaient divisées en trois commanderies dépendant du grand prieuré d'Auvergne. L'époque de leur création est peu connue, les titres de donation n'ayant pas été conservés; il faut arriver au XIIIe siècle pour trouver mention de leur existence, et au XIVe pour reconnaitre leur importance par le dénombrement de leurs établissements et de leurs possessions.

Ces commanderies étaient :

Chambéry, d'où dépendaient : Acoyeu en Bugey,

le Touvet (Isère), Aiguebelle, Saint-Michel, Allevard et Messages (Isère);

Les Echelles, comprenant : Moirans, Voiron et les Abrets en Dauphiné;

Le Genevois, dont le chef était Compesières, auquel se rattachaient : Droise, Hauteville, Annecy, Mussy, la Sauvetat, Collogny, Genève, Chesne, le Petit-Collogny, la Verpillière, Clermont, Dorches et Musinens en Michaille.

Les documents que nous avons recueillis nous fourniront les éléments d'une histoire de ces commanderies et des membres qui les composaient; nous en détachons aujourd'hui une partie de ceux qui se rapportent à la maison et à la chapelle des Templiers et des Hospitaliers à Chambéry.

Le nom de Saint-Jean-du-Temple, qui s'est perpétué dans les actes après l'adjonction des biens des Templiers à ceux des Hospitaliers, constate seul l'existence de leur établissement à Chambéry. Cette dénomination est restée attachée à leur chapelle et à la maison de la commanderie situées en rue Saint-Antoine, et à la tour qu'ils possédaient à la Cassine.

Les Hospitaliers avaient aussi une chapelle, des bâtiments et une propriété placés entre la rue de Roche, une partie de la rue Croix-d'Or et de la cour actuelle de la caserne d'infanterie. Leur chapelle, appelée Saint-Jean-du-Pré, ne nous est connue que par la mention de sa démolition lors de l'établissement de la nouvelle enceinte de Chambéry, en 1371. Son attribution aux Hospitaliers est basée sur leurs titres de possession mentionnés dans le sommaire des fiefs et dans divers actes de reconnaissance.

Après avoir obtenu les biens des Templiers, les Hospitaliers ne conservèrent qu'une chapelle, abandonnant celle de Saint Jean-du-Pré, moins importante, en mauvais état et qui tombait en ruines lors de sa démolition.

Les comptes des syndics nous ont fourni les principales indications relatives aux Templiers. Ce n'est qu'à dater du XIVe siècle que nous avons rencontré des actes concernant les Hospitaliers ; nous les énumérons sommairement dans l'ordre chronologique.

1328. — Des bourneaux (conduites) de terre sont portés de la maison du Temple à la fontaine Saint-Martin.

1374. — Indemnité payée pour dommages causés dans le pré de Saint-Jean-du-Temple lors de l'élargissement des fossés.

1375. — On mure la poterne du temple dans les courtines derrière leur maison.

1381. — Amédée VI transporte à la ville la propriété des glières du Temple, moyennant 20 sol gros d'indemnité, pour les 2 vaissels de blé et les 12 sols gros dus aux Hospitaliers sur 7 journaux de terre dépendant de leur fief.

1382. — Droit du trézain perçu sur une maison nouvellement construite par les Hospitaliers à l'entrée de la maison du Temple ; cette petite maison, à gauche en entrant dans la cour de la maison Angleys, n'a subi dès lors que des modifications insignifiantes. (Décembre 1885. Elle vient d'être clevée d'un étage-)

1418. — Frère Pierre Poncet, au nom de Jean de Boczozel, commandeur de Savoie, assiste à la vente de l'emphytéose et direct domaine d'une terre située à l'angle du chemin des Fossés et de celui qui dessert les terres du Verney.

1528. — Le grand Prieur d'Auvergne, Philippe de Villiers, vient à Chambéry avec deux évêques et une suite de trente Hospitaliers, pour être l'un des parrains d'Emmanuel-Philibert.

A partir du XVIe siècle, les communautés des commanderies sont supprimées, et les revenus de celles-ci sont accordés comme retraites ou récompenses aux chevaliers les plus fatigués par le service de mer, etc. Les titulaires de la commanderie de Chambéry, ayant fixé leur résidence à Acoyeu, la maison est délaissée, tombe en ruine, et est successivement albergée, puis vendue.

1579. — Charles de Rochette alberge la maison et placéage dépendant de Saint-Jean-du-Temple à la condition de bâtir, contiguë à la sienne, une maison pour le commandeur à titre d'introge.

1605. — Une femme Lombard tient en emphythéose la petite maison à l'entrée du Temple, dont nous avons signalé la récente construction en 1232, pour 4 sols forts annuels et le droit de laods.

1641. — Les héritiers de de Rochette acquièrent la maison du commandeur, construite par leur auteur, moyennant 5,800 florins payés aux Hospitaliers. Les rentes attachées à la chapelle de St-Jean-du-Temple obligeant à y célébrer l'office religieux, l'ordre continue à y entretenir un prêtre chargé de la desservir; il traita ensuite avec les Pénitents blancs, qui furent autorisés à s'y réunir pour leurs exercices, à charge de l'entretenir et de payer en partie le recteur, resté d'abord à la nomination de l'ordre de Malte, cédée ensuite aux Pénitents blancs.

1652. — Visite de la petite chapelle en rue du Reclus, desservie par un prêtre. Elle possède des ornements, un clocher et deux cloches.

17.. — Par transaction entre les Hospitaliers et les Pénitents blancs, la chapelle est remise à ces derniers pour y faire leurs exercices ; ils seront sous la juridiction de l'ordre de Malte, qui se réserve la nomination du chapelain.

1737. — Les Pénitents blancs obtiennent du commandeur de la Romagère le droit d'instituer le recteur de la chapelle.

1765. — Vente par les Pénitents blancs de la chapelle de Saint-Jean-du-Temple et des maisons voisines dont ils avaient hérité.

1775. — Ensuite d'un accord entre l'ordre de Malte et celui de Saint-Antoine de Viennois, ce dernier est annexé au premier et lui apporte tous ses biens.

A. PERRIN.

SÉPULTURE PAR INCINÉRATION

DÉCOUVERTE A FRANCIN,

PAR L. RABUT, PROFESSEUR,

Membre correspondant du Ministère,
Secrétaire de la Société savoisienne d'histoire et d'archéologie,
Officier de l'instruction publique.

Dans le courant de l'été de l'année dernière, un propriétaire de Francin, en minant le coin d'un champ, mit à découvert, dans un terrain sablonneux, une grande amphore à panse sphéroïdale. Le col et les anses de cette amphore avaient été sciés et retournés de manière à former une sorte de couvercle. Ce couvercle abritait tout un mobilier funéraire. Le propriétaire du champ, déjà habitué à des découvertes semblables, sortit avec précaution du ventre de l'amphore : un vase en verre blanc d'une forme élégante et contenant des fragments d'os brûlés et concassés ; une petite tasse en verre blanc irrisé, légère et mince comme un verre de Venise ; une petite lampe en terre jaunâtre portant en relief une figure d'enfant assise ; enfin, une ampoule de verre blanc de forme quadrangulaire. Une anse relie la panse avec l'ouverture du goulot de forme cylindrique. La base de cette ampoule porte une marque qui peut avoir été adoptée par le fondeur. Cette marque est une croix formée de quatre pointes d'étoile et cantonnée de quatre arcs de cercle, le tout en demi-relief, ainsi que quatre points placés aux angles du carré de base.

Francin avait déjà fourni d'autres sépultures par incinération. Le propriétaire de la découverte avait déjà fait une trouvaille analogue deux ans auparavant.

M. Decouz, propriétaire à Francin, avait aussi découvert, en faisant faire des minages dans sa propriété, une sépulture non moins intéressante.

Il a offert généreusement au Musée départemental tous les objets provenant des fouilles faites dans sa propriété. Je donne le dessin en demi-grandeur d'une belle urne en verre blanc d'une forme gracieuse et élégante, munie de deux anses et d'un couvercle à bouton.

Les os qu'elle contenait n'ont pas été conservés, mais il en reste des traces dans le fond de l'urne. Autour de cette sépulture plusieurs objets précieux et intéressants se trouvaient associés : une bague en argent; un beau collier en perles de verre, il comprend quarante grains de verre jaune imitant parfaitement des grains d'ambre ; trois grains en verre bleu, un de ces grains est mamelonné ; deux perles en verre uni et d'une couleur d'opale, et enfin trois perles en verre blanc et mamelonnées de petits grains arrondis.

Il faut encore citer, provenant du même endroit, un mors de cheval en fer, présentant des particularités intéressantes pour l'économie de la bouche du cheval.

La tige qui passe dans la bouche est formée de deux parties s'agraffant au milieu par deux crochets et donnant une mobilité à cette tige, elle est en outre garnie de plusieurs anneaux ou grains en fer que le cheval pouvait faire tourner dans sa bouche pour entretenir la fraîcheur. Le professeur de l'école vétérinaire de Lyon a trouvé ce mors assez intéressant pour en réclamer un dessin que je me suis empressé de lui envoyer.

Deux vases étaient associés à ce mobilier funéraire, un pot de forme sphéroïdale tronqué à sa base avec bec et anse, et un petit vase en terre grise contenant plusieurs médailles consulaires en argent.

Cette dernière découverte peut donner approximativement l'époque de toutes ces sépultures par incinération. Elles seraient du premier siècle de notre ère. Les monnaies seraient d'un ou deux siècles plus anciennes ; mais il faut admettre qu'on ne plaçait pas dans les sépultures des monnaies toujours contemporaines.

Une sépulture analogue que j'ai déjà fait connaître, découverte dans la propriété de M. Vissol à Montagnole, comprenait, outre l'urne qui contenait les os brûlés du mort, un objet précieux qu'il avait affectionné pendant sa vie; je veux parler de cette tasse en verre jaune représentant sur sa surface des combats du cirque. M. l'abbé Cochet, dans une lettre que je possède, attribuait cette sépulture au IIe siècle de notre ère. Il était dans le vrai, car trois gladiateurs représentés sur la coupe de Montagnole (*Gamus, Merops et Colombus*), comme on l'a constaté depuis, étaient connus et renommés au temps de Néron (1).

Une coupe semblable à la dernière découverte de Francin, provient des déblais de terrain sur l'emplacement de l'école des filles à Aix-les-Bains.

Tous ces spécimens de l'art de la verrerie nous montrent combien cet art était déjà avancé et perfectionné chez les Romains.

(1) Depuis la découverte de cette coupe, il en a été découvert une autre à Lillebonne (Julia Bonna), qui représente des courses de chars.

NOTICE HISTORIQUE

SUR

M. DE LOCTIER

GÉNÉRAL COMMANDANT LA MILICE NATIONALE DE TARENTAISE

Lors de la guerre de 1536, en Savoie;

Lue au Congrès de Montmélian le 11 août 1885,

Par Me DURANDARD (Maurice-Antoine),

Avoué à Moûtiers, Membre correspondant de l'Académie de Savoie,
Membre effectif de la Société d'histoire et d'archéologie de Chambéry,
De la Société florimontane d'Annecy,
De l'Académie de la Val-d'Isère de Moûtiers.

MONSIEUR LE PRÉSIDENT,

MESSIEURS,

Dans ma notice lue au Congrès de Moûtiers, en 1881, sur les hommes remarquables de la Tarentaise, je citais au nombre des personnages distingués produits par cette contrée, noble François de Loctier, écuyer du duc de Savoie et commandant de la milice nationale de Tarentaise, lors de la guerre de 1536, en Savoie.

La réunion de divers documents et la lecture de lettres ducales adressées à M. de Loctier, vont me permettre, devant cette société d'élite, d'esquisser rapidement quelques traits sur ce brillant soldat dont les chroniques du temps font à peine mention.

François de Loctier est né à Moûtiers, vers la fin du XVe siècle, du mariage de Thomas et de Péronne, fille de Pierre de Sonnier, citoyen de Moûtiers et châtelain du mandement de Saint-Jacquémoz. Thomas était conseigneur de la vallée de Bozel, titre qu'il avait acquis comme droit-ayant des nobles de ce nom. Son aïeul est ce Jean de Loctier qui, parti des rangs de la bourgeoisie, parvint à être élevé à l'une des plus hautes charges de l'Etat ; c'est ainsi que de notaire de l'archevêché de Tarentaise, il devint successivement maître auditeur à la Cour des comptes, conseiller ducal et trésorier général de Savoie.

L'investiture de ces différentes fonctions donnant à l'élu le privilège de la noblesse héréditaire, le souverain concéda à la nouvelle famille annoblie les armoiries que Guichenon blasonne comme suit : *d'azur à la face d'or, chargé de trois croisettes d'azur, accompagnées de six étoiles d'or, trois en chefs et trois en pointes.*

La position élevée qu'avait occupée son grand-père ouvrit de bonne heure au jeune François les portes de la Cour, où il fit son apprentissage des armes. Tout contribua pour lui rendre, auprès de Charles III, le séjour agréable. Le jeune seigneur était aimé de son souverain, et il y avait en ce moment, dans l'entourage princier, un de ses compatriotes et ami, Janus de Duingt, baron de la Val-d'Isère, ancien gouverneur du duc. Le jeune page comptait aussi au nombre de ses protecteurs un de ses proches par alliance, un membre de la puissante famille de Lambert, Philibert, qui avait épousé

Philippine, sa tante ; et, permettez-moi de le rappeler ici, elle eut, cette heureuse mère, l'insigne honneur de voir trois de ses fils élevés à la dignité épiscopale. Ce sont :

Pierre, l'aîné, évêque de Caserte ;
François, évêque de Nice ;
Pierre, le cadet, évêque de Maurienne.

Le métier des armes convenait au caractère guerrier du jeune Tarin, et il y excellait. Chaque jour amenait un progrès que ses maîtres se plaisaient à remarquer. Et ce fut un beau rêve pour le jeune militaire le jour où sa nomination d'écuyer du souverain lui fut annoncée. C'était le 7 juin 1518. Avec quelle joie il en apprend la nouvelle à son père bien-aimé.....

Dans tout l'éclat, dans tout l'épanouissement d'une brillante jeunesse, le nouvel officier resta quelques années encore auprès de Charles III. Cependant le père de François avançait en âge et pressait son fils de se rendre auprès de lui. Le jeune écuyer quitta, non sans regrets, le prince qui le chérissait ; mais en fils respectueux et soumis, il regagna la demeure paternelle dans cette riante plaine de Bellecombe, où sa famille s'était fixée (1).

Pressé par son père, François de Loctier ne tarda pas à se choisir une compagne qu'une heureuse conformité de sentiments lui fit rencontrer dans la personne de

(1) Thomas de Loctier avait établi sa résidence au château du Mollard, au delà du Morel, sur la route tendant à Saint-Oyen, château qui doit avoir été construit vers la fin du XIVe ou au commencement du XVe siècle.

Dlle Jacqueline de Rivoire, fille de noble et puissant Bertrand, seigneur de Romagnieu. Le 30 juillet 1523, il y avait brillante réunion au château de Louis Gallier, seigneur de Bressieu, près de Chambéry. On y signait le contrat de mariage des jeunes époux, en présence de Claude de la Poipe, spectable Jean Lambert, maître auditeur à la Chambre des comptes, Georges Girard, châtelain de Chambéry, Antoine Piochet, Joseph Crestelli de la Motte, François Richardon et Louis Pingon. La jeune fiancée apporta à son époux plus de 2,000 écus d'or au soleil, dont 1,000 au comptant, ce qui permit à François Loctier, quelques années après son mariage, d'acquérir la seigneurie de Bellecombe. En effet, par patentes délivrées à Chambéry le 3 juin 1526, Charles III lui vendait, moyennant 400 ducats, la juridiction totale de cette commune, rentes, hommages, servis, tailles, cens, usages et autres tributs annuels dus par des particuliers y désignés. Ces patentes portent la signature du chancelier de Savoie, du seigneur de Bagneul, du seigneur de Baleison, du baron de Saint-Germain et de Etienne Scalci, membre du Conseil résident. L'acte de mise en possessien est du 29 même mois ; il est reçu par Me Pierre Donzel, l'aîné, notaire-curial et châtelain de Tarentaise en dessous du Saix, au Bourgeaillet près du pont d'Aigueblanche, village dépendant du chef-lieu de Bellecombe ; le contrat est signé par spectable François Bonnivard, juge-mage, et par Georges Vibert, substitut de spectable Jean-François Durandard, procureur fiscal de Maurienne et de Tarentaise.

Le duc de Savoie, qui avait une grande confiance dans son écuyer, voulut utiliser ses services et lui confia plusieurs missions dans le pays. M. de Loctier a rédigé lui-même un mémoire des sommes à lui dues à l'occasion de ces différentes missions. Voici ce mémoire tel qu'il a été écrit. MM. les membres du Congrès apprécieront davantage toute l'énergie des réclamations de M. de Loctier :

« S'ensuit ce que Monseigneur m'a à satisfaire et rembourser ce que j'ai déboursé pour son service, sans compter mon salaire et mes gages.

« I. Pour messire Jean de Lynellieu que j'ai gardé deux mois durant en ma maison avec 13 personnes du commencement qu'il vint en Tarentaise pour la saline, m'apportant une missive de son Excellence le Président de la Chambre des Comptes par laquelle me commande assister avec lui et le retirer jusqu'à ce que l'on eût donné ordre de l'accommoder à Salins et faire les préparations de ce qu'il ordonnera pour la dite saline et depuis qu'il fût à Salins, l'on lui fit délivrer six barrats (1) de vin qu'il est venu prendre tant pour les dépenses que pour les vins, se montent à........... 80 florins (2).

(*Document n° 1.*)

(1) Baril, mesure de Moûtiers de 31 litres.

(2) Vers la fin du XVe siècle, un éboulement considérable se produisit à la côte occidentale de Salins et détruisit les salines en même temps qu'une grande partie du bourg de Salins. Le 24 février de l'an 1500, les prisons du baillage et quelques autres édifices qui restaient sur la rive gauche du Doron furent complètement détruits par une inondation. Ce ne fut qu'en 1524 que les finances ducales, à la demande réitérée des habitants de la Tarentaise, commencèrent à réédifier les salines sous la conduite de M. de Lynellieu, auquel M. de Loctier fait allusion dans son Mémoire.

« II. Par patentes et missives, plus par le commandement de son Excellence en la faveur de M. le marquis Rubatty (1), lever 200 hommes pour dépossessionner Mgr l'archevêque de Tarentaise de la cure de Naves et remettre en possession le frère du dit Rubatty ce que j'ai exécuté, tout ainsi que m'avait été commandé et garder les 200 hommes, 3 jours durant, qui me dépensèrent et coûtèrent.......................... 300 florins.

« Plus laissé 20 campagnons en garnison en la dite cure, six semaines durant, qui me coûtèrent plus de 12 florins par homme et par jour que de vivres, que de salaire et munitions.................... 340 florins.

« Plus pour cette affaire, m'a fallu tenir 10 compagnons pour assurance de ma personne et me garder contre le dit seigneur archevêque, 15 jours durant, qu'au bout de 15 jours fûmes mandé et ajourné par hérault d'armes, le dit seigneur archevêque et moi nous trouver à Chambéry pour appointer et en allant chacun voyageant sous sa garde, nonobstant les défenses faites de ne rien se demander ni offenser et étant à Chambéry, son Excellence fit faire appointement à messeigneurs de Baleyson, de Meximieux, de Lucey, de Bagneul, ce qui fut fait par plusieurs gentilshommes. Les dépenses de ce voyage en hommes et en chevaux se montèrent à....................... 175 florins (2).

(1) Maître auditeur à la Chambre des Comptes.

(2) La vallée de Naves était comprise dans la donation du comté de Tarentaise faite en faveur de l'archevêque Amizo par le roi de Bourgogne, en 996. Le nom de cette vallée est rappelé dans l'investiture donnée par l'empereur Frédéric à l'archevêque Aymon du temporel de son Église, à la date du 6 des ides de mai de l'année

« III. Plus que son Excellence me manda la commission d'assister auprès des seigneurs amiral Bonnivet et maréchal Anne de Montmorency iceux étant en Tarentaise, après leurs défenses et faire garder les passages des montagnes afin que déplaisance ne leur fut faite au pays, me coûta plus de 35 écus outre la dépense faite en ma maison tant pour les exprès qui étaient bien du besoin, car MM. de Saint-Sorlin et de Pont-Verre me vinrent trouver en habit de femme pour me promettre 2,000 écus et que je laisserai un passage dépourvu pour les venir prendre dans Moûtiers, ce à quoi ne volus consentir pour toujours avoir volu estimer plus l'honneur que les biens comme un homme de bien doit faire, ci...................... 35 écus.

Et de cela, son Excellence fut averti et me donna l'ordre de les accompagner à Chambéry, qu'aller et revenir, me coûta 25 florins (1).

1186. Depuis que les archevêques avaient associé, en 1082, les princes de Savoie à une partie de leur souveraineté temporelle pour se soustraire aux envahissements des seigneurs de Briançon, de fréquents conflits surgissaient entre les officiers ducaux et les officiers archiépiscopaux; celui de Naves en est un exemple. Cependant une transaction intervenue le 27 juin 1358 entre le comte de Savoie et l'archevêque, concernant leur juridiction en Tarentaise, avait réservé la paroisse de Naves à l'archevêque, à l'exception du village de Ronchal appartenant au comte. Comment le litige signalé par M. de Loctier est-il survenu ? nous l'ignorons. Quoi qu'il en soit, le différend a été définitivement tranché en faveur de Mgr de Grolée, par décision du conseil souverain, vers 1538.

(1) Dans cette partie de son Mémoire, M. de Loctier fait probablement allusion aux échecs que l'impéritie de Bonnivet fit subir à l'armée française, dans le Milanais, en 1524. S'étant vu contraint de fuir précipitamment à la bataille de Rébec, l'amiral remit le commandement à Bayard, qui y périt. Bonnivet et son beau-frère Montmorency passèrent le Saint-Bernard pour se rendre à Paris, mais tous deux paraissaient avoir été internés à Moûtiers.

« IV. Plus que son Excellence me donna charge de faire quelque chose vers Genève, que bien se souviendra son Excellence quand le déclarerai ; il me resta à moi d'exécuter l'affaire ; mais à celui de l'autre côté qui m'a pris devant jour comme il devait et comme je fis, m'étant embauché avec 25 compagnons de pied et six à cheval, bien armés et que je partis de Chambéry, feignant aller en Tarentaise et fis volte-face contre Faverges, qu'aller, que retourner et demeurer, là demeurant 6 jours et 9 personnes qui font que je les ai servies et soignées sans avoir querelle en ces 6 jours. Dépensé ci.......................... 108 florins.

« V. Plus que S. Ex. envoya le marquis de Mignes dit l'Allemand, en Tarentaise, pour reprendre l'affaire de la saline, après le dit Lynellieu, suivant le commandement de son Excellence ; logé ledit marquis de Mignes, en ma maison, 3 jours durant et 3 chevaux et 4 personnes, parce que c'était jour de foire et que toutes les bonnes hôtelleries de Moûtiers étaient pleines, qui me coûta plus de 38 florins, compris un bosset de vin qu'il me demanda parce qu'il trouva bon et le lui fis amener à Salins. Ci.............. 38 florins.

(Document n° 2.)

« Plus que S. Ex. me manda missive par laquelle il me commanda que je fasse ce que M. de Prelle me manderait et que m'envoya M. de Conzement en Tarentaise, menant 300 hommes devant où était Monseigneur le Bastard de Gémilly qui depuis mourût en ma maison et me coûta ce voyage plus de.. 800 florins.»

Telles sont les diverses réclamations que M. de Loctier adressait en 1535 ; mais le Trésor était bien obéré, et ce ne fut que plus tard qu'il put obtenir d'être remboursé, et seulement en partie, des avances qu'il avait faites.

Maintenant, Messieurs, si vous le voulez bien, nous allons aborder un autre ordre d'idées plus élevé, plus intéressant : nous allons passer en revue le rôle qu'a joué M. de Loctier dans la guerre de 1536, en Savoie, dont il fut l'âme.

Veuillez vous reporter, Messieurs, à l'année 1535. C'est une époque critique pour la Maison de Savoie. L'horizon politique s'assombrissait. Charles III, dit le Bon, n'avait pas, comme ses prédécesseurs, toute l'énergie nécessaire pour faire respecter sa neutralité entre les deux puissants rivaux sur lesquels l'Europe avait les yeux fixés, Charles-Quint et François Ier, qui pourtant étaient ses proches parents.

Le monarque français, jeune, avide de conquêtes, supportait difficilement sa défaite de Pavie, et il brûlait du désir d'en effacer la trace.

Les possessions du duc de Savoie, son oncle, lui étaient nécessaires, et il les convoitait depuis longtemps. Il fallait trouver un prétexte pour s'en emparer. Il fit réclamer d'abord par Guillaume Poyet la dot de Louise de Savoie, sa mère ; mais le moyen n'ayant pas réussi, il reprocha amèrement à Charles III de s'être laissé, dix ans auparavant, gagner par le duc de Bourbon (prince auquel la reine-mère portait une haine profonde), de lui avoir cédé ses pierreries pour lui faire la guerre.

Le duc de Savoie vit le danger ; il manda auprès de lui François de Loctier pour l'accompagner vers l'empereur. Charles-Quint fit l'accueil le plus flatteur à son beau-frère et à son escorte ; il promit des secours, mais tout se borna à des promesses. *(Document n° 3.)*

Le fidèle écuyer, qui avait reçu pour mission d'organiser la résistance en Tarentaise, regagna en toute hâte son pays natal. C'est là que, pendant six mois, il parcourut toutes les communes de la Tarentaise, leur prêcha la croisade contre la France, appela sous les armes le ban et l'arrière-ban de la milice, et enflammant le courage de ses montagnards, il les électrisait chaque jour par le récit des hauts faits de leurs ancêtres, de ces Centrons qui avaient décimé l'armée d'Annibal et résisté si longtemps aux légions romaines. C'est ainsi que, disciplinant sa petite mais solide troupe, il la tint constamment en haleine et prête à marcher au premier signal. L'occasion ne tarda pas à se présenter.

Toute la noblesse tarine voulut prendre part à la lutte qui s'approchait. On remarquait principalement, au nombre des défenseurs de la patrie menacée, les du Verger, les de Salins, les de Pascal, les de la Frasse, etc....

Charles III voulant donner à M. de Loctier une marque toute particulière de son estime et rehausser son prestige auprès de ses guerriers, lui confia le commandement de la milice et plus particulièrement la conduite de l'infanterie, en donnant la charge de maître de la cavalerie au comte de Montmayeur. De leur côté, les syndics de Tarentaise reçurent l'invitation de seconder de tous leurs efforts la vigoureuse action entreprise par M. de Loctier.

Les administrateurs municipaux répondirent patriotiquement au désir du prince. Ils accordèrent sous forme de subside près de 5,000 florins, et s'engagèrent à pourvoir les miliciens de vivres et d'habillements ; et tel était l'enthousiasme de la population que la plus petite et la plus pauvre des communes de Tarentaise, celle de Bellecombe, versa à elle seule, pour sa part, 95 florins. (*Document n° 5.*)

François Ier ne tarda pas à mettre à exécution son plan d'attaque des Etats de Charles III. Vers la fin février 1536, le roi de France donna l'ordre à l'amiral Chabot de s'emparer de la Bresse et de la Savoie. Celui-ci passa la frontière avec une armée composée de 14,000 Français, 6,000 reitres allemands, 3,000 Italiens, 800 hommes d'armes et 1,000 chevau-légers. La Bresse et le Bugey, ouverts de tous côtés, n'opposèrent qu'une faible résistance, à l'exception de la citadelle de Bourg, qui ne se rendit qu'à la dernière extrémité. Chambéry, dont les fortifications n'étaient pas en état de résister, voyant le pays d'outre-Rhône au pouvoir de l'ennemi, se vit forcé de laisser entrer les troupes françaises dans ses murs. Montmélian, mal défendu par le Napolitain Chiaramonte, se rendit au bout de 15 jours. Un corps de 8,000 hommes remonta l'Isère et vint s'abattre sur Conflans. M. de Loctier, instruit des mouvements de l'ennemi par ses émissaires, jugea le moment favorable d'attaquer les Français et de ne pas les laisser se reconnaître dans cette citadelle de Conflans dont il connaissait toutes les issues. Dans la nuit du 30 avril au 1er mai 1536, il lança ses robustes montagnards sur le roc de Conflans ; ils arrivèrent à l'aube ; l'ennemi fut surpris dans son sommeil. Ce fut un sauve-qui-peut général.

Il y eut du côté des Français 7 à 800 hommes tués ; près de 800 prisonniers tombèrent au pouvoir de M. de Loctier. Une partie de l'armée ennemie put s'enfuir sur Faverges, tandis que le gros des troupes descendant précipitamment l'Isère, fut poursuivi l'épée aux reins par le général tarin. Un grand nombre de Français voulant traverser la rivière, alors grossie par la fonte des neiges et les pluies du printemps, se noya. Tout l'objectif de M. de Loctier était Chambéry ; aussi laissant sur la gauche Montmélian, près duquel il plaça néanmoins un corps d'observation avec ordre de surveiller la citadelle et la route de Grenoble, il se porta rapidement sur la capitale de la Savoie, où il fut reçu au milieu de l'allégresse universelle. (ORSIÈRES, *Histoire du pays d'Aoste*, pages 70-71. — DE SALUCES, *Histoire militaire du Piémont*, Turin, 1818. — THOMAS BLANC, *Abrégé de l'Histoire de Savoie*, tome II, pages 347-355. — COSTA, même *Histoire*, tome Ier, pages 335-336.)

Cependant M. de Loctier, en annonçant au duc de Savoie le brillant succès qu'il venait de remporter, le pressa de lui envoyer les renforts qu'il lui avait promis, afin de frapper un grand coup au pied de la forteresse de Montmélian, dans laquelle il avait réussi à se ménager des intelligences.

Le prince, en termes émus (*document n° 6*), adressa ses félicitations au brave commandant et à ses fidèles Tarins.

Pour stimuler le zèle des habitants du Val-d'Aoste, le duc écrivit au bureau des commis de la ville d'Aoste les trois lettres sous les n°s 7, 8, 9. De son côté, M. de Loctier avait une correspondance suivie avec le souverain. Le duc lui répondait de son mieux, mais toujours pas de renforts. (*Documents 10 à 17.*)

Les Français, revenus de leur stupeur, rassemblèrent dans la Bresse et à Grenoble des forces considérables dont le commandement fut donné au comte de Saint-Pol. Craignant d'être pris entre deux feux, M. de Loctier dut se résigner à sortir de Chambéry. N'ayant pas reçu les renforts qu'il avait sollicités, sauf un petit corps de troupes du Val-d'Aoste qui rejoignit les Tarins, il se borna à la défensive et vint camper au delà de l'Isère, sur la butte de Saint-Pierre d'Albigny. Pendant quelque temps, M. de Loctier barra la route de Conflans, disputant pied à pied le terrain à l'ennemi ; mais cédant au nombre toujours croissant des forces françaises, il se replia sous la protection du château de Briançon (Tarentaise), position où il tint en échec pendant plusieurs mois le comte de Saint-Pol. Celui-ci, désespérant de forcer le passage de Briançon, allait se retirer, lorsqu'on lui fit découvrir un passage du côté de la Magdeleine, en Maurienne, par lequel il pourrait prendre à revers les troupes tarines. M. de Loctier se vit alors obligé d'opérer sa retraite au delà du Saix, et là, jugeant que toute prolongation de résistance ne ferait qu'appesantir le joug ennemi sur ses compatriotes, il licencia son armée en adressant de touchants adieux à ses braves; il leur annonça que pour lui l'honneur lui commandait de se retirer auprès de son prince naturel. Charles III accueillit avec empressement son fidèle écuyer et le nomma gouverneur des château et forteresse de Mont-jovet, poste qu'il occupa jusqu'à la restitution des Etats de Savoie à Emmanuel-Philibert, en 1559.

Hélas ! toute médaille a son revers. La Tarentaise fut traitée en pays conquis par les Français, qui l'ont pillée, brûlée et dévastée, disent les Mémoires de M. de Lambert.

Tous les biens de M. de Loctier furent mis sous séquestre, et pendant les vingt-deux ans que dura l'occupation française, Jacqueline de Rivoire, femme de M. de Loctier, eut maille à partir avec dame justice.

Emmanuel-Philibert, fils de Charles III, le vainqueur de Saint-Quentin, ayant recouvré ses Etats par le traité de Cateau : Cambrésis (3 avril 1559), M. de Loctier, qui était resté gouverneur de Mont-Jovet, demanda et obtint d'être relevé de son commandement et de rentrer en Savoie. Il mourut à Moûtiers, en février 1561, entouré de sa femme, de ses deux fils Jean-Louis et Hugues et de sa fille Hélène. Ses cendres reposent dans un tombeau de famille érigé devant le grand autel de l'église de Sainte-Marie de cette ville.

J'ai terminé ma tâche, Messieurs. Je vous remercie d'avoir bien voulu me prêter votre bienveillante attention, heureux si mon modeste récit a pu quelque peu vous intéresser. Pour moi, il m'a été doux de rappeler le souvenir d'un enfant de la Tarentaise et de ses compagnons d'armes. Aujourd'hui que la Savoie est unie à la grande nation, tous enfants de la même patrie, nous ne pouvons que nous inspirer des glorieux faits qui ont illustré la France et son immortel drapeau, tout en suivant d'un regard sympathique l'héroïque dynastie qni préside aux destinées de l'Italie.

DOCUMENT N° 1.

LE DUC DE SAVOIE.

Très cher, bien amé et féal,

Pour ce qu'avons advisé de redresser et mettre au-dessus les affaires de notre fontaine de Salins. Sur les propos du maistre qui se fait fort nous y faire du service. A cette cause, et suivant la peine que déjà y avez prinse par le passé, vous prions vouloir assister au dit maistre en ce que sera de besoin et vous employer en tout ce que sera requis pour le bien et adresse de la manière ainsi que bien saurez faire et qu'avons confiance en vous. Et vous nous ferez service très agréable. Et à tant très cher bien amé et féal. N. Seigneur vous ait en sa garde. A Thonon le dernier de Mars 1535.

Signé : CHARLES.
Signé : BAPTENDIER.

DOCUMENT N° 2.

LE DUC DE SAVOIE.

Très cher bien amé et féal,

Nous avons reçu votre lettre et nous avez fait plaisir nous advertir de l'estoc de la Salline vous priant vous employer et donner assistance à ceux qui en ont la charge pour la perfection d'icelle et vous nous ferez plaisir. Et à tant... (Salutation d'usage.) A Chambéry le 1er d'Août 1535.

Signé : CHARLES.
Signé : BAPTENDIER.

DOCUMENT N° 3.

LE DUC DE SAVOIE.

Très cher bien amé et féal,

Pour ce qu'avons esté mandé de l'Empereur. Or que deslibérons y aller dans dix ou douze jours. Nous vous prions donner ordres en vos affaires pour nous y accompagner au meilleur ordre que pourrez ; et vous nous ferez plaisir. Et à tant (Salutation d'usage). A Chambéry le 24 d'Août 1535.

Signé : CHARLES.
Signé : BAPTENDIER.

DOCUMENT N° 4.

LE DUC DE SAVOIE.

Très cher bien amé et féal,

Nous avons reçu votre lettre. Bien aise qu'avons esté d'entendre la bonne volonté de nos sujets à nous bien servir. A quoi vous pourrez continuer. Nous escrivons à Montmayeur qu'il se trouve prest pour avoir la charge des gens de cheval suivant vous advis et pour la confiance qu'avons en vous, vous aurez la conduite de l'armée et des gens de pied estant assuré que vous vous y acquitterez au devoir et selon l'affection qu'avez à nous pour notre service. Nous escrivons aux syndics de Tarentaise qu'il doivent payer l'Enseigne qu'a été faite et faire donatif. Nous espérons dans vos diligences en votre charge et vous nous ferez plaisir (Salutation d'usage). A Chambéry le dernier Janvier 1536.

Signé : CHARLES.
Signé : PORTA.

DOCUMENT N° 5.

LE DUC DE SAVOIE.

Très cher bien amé et féal,

Nous avons reçu votre lettre bien aise que sommes que nos sujets de Tarentaise soient de la bonne volonté dont vous écrivez et quant à ce que dernièrement vous avons écrit ce n'était sinon un cas que mieux ne s(pense faire reste qu'avons bon secours de ceux de l: Val d'Aoste que ceux que par ci-devant se sont raffer- mis à notre dévotion, nous vous prions tenir mair qu'ils y continuent et que l'on en use en bon suje comme en avons en vous et en eux, bonne confiance nous avertissant continuellement du succès des affaire: afin que selon nous y puissions pourvoir en tout ce qu nous sera possible nous écrivons aux Seigneurs de Men- thon et de la Frasse suivant le contenu de votre lettr au regard de l'union, nous verrons les chapitres entr cy et lundi, et après incontinent par gentilhomm exprès, vous avertirons plus au long de notre intentior du projet dont fait mention votre lettre, nous écrivon: au comte de Chalan, maréchal de Savoie, vous envoye un exprès pour parler de la conduite des affaires de pa delà ainsi que vous avez assez bon vouloir et vous nou: ferez plaisir.

Vous disant (Salutation d'usage). De Milan le 2: d'Avril 1536.

Signé : CHARLES.
Signé : BAPTENDIER.

DOCUMENT N° 6.

LE DUC DE SAVOIE.

Très cher bien amé et féal, commandant,

Nous avons entendu le bon exploit qui a esté fait au quartier de Conflans et vous savons bon gré de la peine que y avez prinse. Bien aise au demeurant qu'avons esté de la bonne volonté que ont nos subjets de par delà de bien soit défendre et demeurer tousiours en notre obéissance. Nous y envoierons en bref bon secours ; et plus à pleni entendrez par Monsieur le Maréchal auquel nous escrivons diffusionner du tout. Nous vous enverrons pour lors plus longue lettre pour vous prier avoir tousiours l'éveil en ce qui concerne notre bien et protection de nos pays et subjets ; vous bien saurez faire et qu'en avons en vous notre confiance et nous en aurons bonne souvenance en tems et lieu (Salutation d'usage). De Sertoz en Piedmont le 16 de Mai 1536.

Signé : CHARLES.
Signé : PORTA.

P. S. Nous avons été adverti comme sont esté prins de bons prisonniers tels que Monsieur de Bottière et autres de maison. Avant que aucuns soient relaschés. Vous vous informerez bien au vrai qu'ils sont pour nous en advertir. N'entendant faire nul tort des rançons à ceux qui les auront prins pour prisonniers.

DOCUMENT N° 7.

LE DUC DE SAVOIE.

Au bureau des commis d'Aoste,

Nous avons reçu votre lettre et vous savons bon gré du bon ordre qu'avez donné à la garde et défense des passages de la Val d'Aoste. Nous envoierons à ceux du Faussigny des gentilshommes par lesquels ils seront advisés de notre intention (Salutation d'usage). 15 Mai 1536.

DOCUMENT N° 8.

LE DUC DE SAVOIE.

Au bureau des commis d'Aoste,

Nous avons reçu votre lettre et nous louons Dieu de la grâce qu'il lui a plu faire à nos sujets de Tarentaise à Conflans, et quant à ce qu'il est à craindre de la conséquence vous entendrez par le comte de Chalan ce que lui avons écrit à ce subjet, vous priant sur ce le croire comme nous-même et en suivre ce qu'il vous dira ; qu'il n'y ait point de discord ou mutination entre nos subjets et s'il y a quelqu'un qui sème sizanie ou dresse mutinerie faites que nous en soyons adverti pour y pourvoir, de sorte qu'ils connaîtront qu'il nous déplaît car vous savez qu'il n'y a chose qui puisse plutôt causer malheur pour le pays que division et vous prions pour la confiance qu'avons en vous que veuillez obéir à tel incontinent et vous employer tousiours à la conduite des affaires et de notre costé nous ne vous abandonnerons point. Mais nous ferons le secours tel que vous requerrez. Vous entendrez du bon commencement et espoir qui a été du recouvrement de nos Etats par le comte de Chalan (Salutation d'usage). 16 Mai 1536.

DOCUMENT N° 9.

LE DUC DE SAVOIE.

Au bureau des commis d'Aoste,

Nous trouvons bonne pour les affaires de par delà votre idée d'union entre nos pays de la Val d'Aoste, de Tarentaise et du Faussigny. Nous vous prions y employer toutes vos forces afin que nous puissions en faire la confirmation (Salutation d'usage). 22 Maï 1536.

DOCUMENT N° 10.

LA DUCHESSE DE SAVOIE.

Très cher bien amé et féal,

Nous avons reçu vos lettres et vous savons bon gré de vos advertissements et de la peine que prenez concernant nos affaires de par delà. En quoi connaissons tousiours mieux votre bonne volonté, vous priant y continuer et vous tenir pour assuré. Au demeurant vous entendrez par le Prieur de Montailleur nos intentions (Salutation d'usage).

Signé : BRITIZ.
Signé : RICHARD.

DOCUMENT N° 11.

LA DUCHESSE DE SAVOIE.

Très cher bien amé et féal,

Nous avons reçu votre lettre. Très-aise qu'avons esté entendre les nouvelles dont vous avez écrit et vos advertissements en lesquels Monseigneur y pourvoira. Espérons que les choses prendront bonne issue en bénéfice de ces affaires et de ses subjets.

A Nice le 26 jour de Janvier 1537.

Signé : BRITIZ, soit BÉATRIX de Portugal.
Signé : MICHAUD.

DOCUMENT N° 12.

LA DUCHESSE DE SAVOIE.

Très cher bien amé et féal,

Nous avons reçu votre lettre. Et tant par icelle que lui entendu le tout des affaires de par delà en lesquels a été pourvu. Vous entendrez par le secrétaire et par plus longue lettre de l'insuccès que vous et nos autres bons loyaux subjets ont subi. Par le tems qui viendra il se fera telle récompense sur ceux qui auront fait leur devoir. Monseigneur les connaîtra et ne les mettra pas en obli (Salutation d'usage). A Nice le 10 Février 1537.

Signé : BRITIZ.
Signé : MICHAUD.

DOCUMENT N° 13.

LA DUCHESSE DE SAVOIE.

Très cher bien amé et féal,

Nous avons reçu votre lettre. Et bien qu'avons escrit à Monseigneur. Et pour ce qu'il vous fera ample réponse nous vous ferons pour maintenant plus longue lettre, sinon pour vous prier nous souvent adviser de tous occurents et vous nous ferez plaisir (Salutation d'usage). A Nice le cinquième jour de Mars 1537.

Signé : BRITIZ.
Signé : MICHAUD.

DOCUMENT N° 14.

LA DUCHESSE DE SAVOIE.

Très cher bien amé et féal,

Nous avons reçu votre lettre par le Prieur de Montailleur, présent porteur et entendu ce qu'il nous a dit sur les affaires pour lesquelles il était venu. Sur quoi il a esté despêché ainsi que verrez et que par lui entendrez. En attendant plus longue lettre nous vous prions vous employer tousiours en ce qui concernera le bien et transquilité du pays comme avez fait jusqu'ici et qu'en avons en vous notre confiance. (Salutation d'usage). A Nice le 28 d'Avril 1537.

Signé : BRITIZ.
Signé : MICHAUD.

DOCUMENT N° 15.

LE DUC DE SAVOIE.

Très cher bien amé et féal,

Nous envoyons de par delà le Bailli Rosez notre escuyer, présent porteur pour les raisons et advis et la charge que lui avons ordonné vous communiquer. Sur quoi vous le croirez comme nous-même, vous y employant ainsi qu'il vous dira de notre part, jouxte et suivant vostre bonne coustume et la confiance qu'avons en vous et vous nous ferez plaisir et service agréable dont nous aurons bien bonne souvenance (Salutation d'usage). A Nice le 15 Mars 1537.

Signé : CHARLES.
Signé : ROSSIER.

DOCUMENT N° 16.

LE DUC DE SAVOIE.

Très cher bien amé et féal,

Nous avons reçu votre lettre et entendu ce que le pré-présent porteur a dit de votre part et de notre pays de

Tarentaise auquel avons fait la ruse tel que vous entendrez et que vous dira une autre plus longue lettre. Reste que vous prions tousiours continuer à la conduite et redressement de nos affaires de par delà comme bien vous savez et qu'en avons en vous notre confiance et vous nous ferez plaisir duquel avons bonne confiance (Salutation d'usage). A Nice le 29 de Juin 1537.

Signé : CHARLES.
Signé : MICHAUD.

DOCUMENT N° 17.

LE DUC DE SAVOIE.

Très cher bien amé et féal,

Par le Prieur de Montailleur et notre Secrétaire Rossier nous avons esté advisé de l'indisposition en quoi sont nos affaires de par delà et de la peine que y prenez ordinairement de vostre cousté dont vous savons très bon gré et en vous avons confiance et soyez assuré que ne mettrons point en obli ceux qui feront leur devoir et les auront en bonne souvenance avec le tems. (Salutation d'usage).

Signé : CHARLES.
Signé : ROSSIER.

QUESTIONS AGRICOLES

AU

CONGRÈS DE MONTMÉLIAN

EN 1885

QUESTIONS DIVERSES

Sur les causes du marasme agricole.

PREMIÈRE QUESTION.

La direction donnée à l'instruction primaire n'est-elle pas, dans les campagnes, une des causes de la crise agricole ?

DEUXIÈME QUESTION.

Ne serait-il pas à désirer que, dès le premier âge, la jeunesse fût habituée à cette pensée que l'agriculture est l'industrie nécessaire, et que ceux qui s'y livrent sont les premiers artisans de la prospérité publique, et méritent d'être considérés et protégés ?

TROISIÈME QUESTION.

Négliger, dans l'instruction donnée aux écoliers du premier âge, tout ce qui a rapport aux travaux de la terre et aux cultures, n'est-ce pas les habituer à penser et à croire que les cultivateurs sont des hommes sans mérite et sans valeur, incapables de rien apprendre, incapables de rien savoir ?

QUATRIÈME QUESTION.

Quand le jeune écolier a été tenu constamment dans l'oubli de ce qui est la profession de son père ; quand tout autour de lui, depuis six ans jusques à quatorze ans, a contribué à lui faire envisager cette profession comme la part des déshérités de la société, peut-on supposer que le jeune adolescent en comprendra la valeur et les mérites; qu'il admettra ses droits à l'honneur et qu'il la recherchera ?

CINQUIÈME QUESTION.

Les certificats d'études ont-il d'autres effets que de surexciter l'imagination de ceux qui les obtiennent et de les poser comme des savants en face de leurs parents, paysans, jugés ignorants ? N'est-ce pas le rêve d'une chose abstractivement bonne qui produit des effets regrettables ?

SIXIÈME QUESTION.

Quels sont les moyens d'apporter un remède prompt et efficace aux inconvénients dont l'exisence fait l'objet des questions qui précèdent ?

Telles sont les questions sur lesquelles le soussigné demande une solution aux Sociétés savantes de la Savoie, réunies au Congrès de Montmélian le 10 août prochain.

Chamoux, le 8 juin 1885.

THOMAS PH^{rt}.

ESSAI DE RÉPONSES

A DIVERSES QUESTIONS

Sur quelques causes du marasme agricole.

PREMIÈRE RÉPONSE.

Il faut d'abord reconnaître que de louables efforts ont été faits pour répandre et vulgariser l'instruction.

Il faut avouer ensuite que, si elle a été donnée sans prévision de son application pratique, c'est le tort au moins autant de ceux qui l'ont reçue dans la personne de leurs enfants, que de ceux qui l'ont donnée.

Si ceux-ci n'ont pas eu l'idée de donner aux enfants de la campagne un genre d'instruction en rapport avec le milieu dans lequel ils vivent et dans lequel ils doivent vivre, il est vrai de dire aussi que les intéressés n'ont à peu près jamais demandé sérieusement une modification dont le besoin se fait sentir maintenant comme une nécessité.

Des deux côtés on a considéré l'instruction comme un grand bienfait dont l'homme qui en est doté peut tirer un bon parti ; mais d'un côté on l'a donnée et de l'autre on l'a reçue, sans se préoccuper assez de l'objet auquel elle serait applicable.

L'agriculture n'entrant pour rien dans le programme scolaire, il en résulte que ce programme devient exclusif au point de vue agricole et que, s'il fait naître une impression, s'il produit un attrait dans l'esprit des jeunes élèves, c'est une impression, un attrait qui les appellent ailleurs qu'aux champs et les prédisposent à d'autres choses que l'agriculture.

Deuxième Réponse.

Les matières de l'instruction primaire, considérées d'une manière abstractive, peuvent être utilisées dans toutes les positions de la vie ; mais il serait avantageux que, dans les campagnes, au moins elles fussent calculées et choisies dans l'intérêt des travaux agricoles.

Avant de penser que l'instruction qu'ils reçoivent à l'école primaire peut utilement s'allier aux travaux de la campagne, qu'ils regardent comme purement corporels, les jeunes écoliers sont disposés à croire que leurs études les acheminent à des travaux intellectuels plus rémunérateurs et plus honorables; ils rêvent des positions indéfinies, où les jouissances sont abondantes, où les honneurs ne manqueront pas, et où la fortune leur fera oublier les moments pénibles d'une jeunesse passée chez des parents pauvres, soumis à un travail corporel, dur et quotidien.

Troisième Réponse.

Le fils du cultivateur qui voit ses parents chaque jour à la peine, s'aperçoit en même temps qu'ils n'ont pas les connaissances que lui-même il trouve à l'école ; il en conclut d'abord que, pour être cultivateur, il n'est pas nécessaire d'être instruit, et ensuite, avec la présomption naturelle au jeune écolier, il juge en dernier ressort que, lorsque l'on est instruit et qu'on possède les trésors intellectuels acquis à l'école primaire, on doit être quelque chose de mieux que cultivateur.

Quatrième Réponse.

Pour tous les travaux, surtout pour ceux qui exigent une aptitude corporelle, il faut commencer jeune ; il faut former le corps pendant qu'il a toute sa souplesse.

Dans certains pays, l'agriculture a ses heures dans la réglementation des travaux scolaires. Durant ces heures, on occupe les jeunes écoliers aux travaux des champs; ces travaux sont appropriés à leur âge et à leurs forces ; ils les habituent, sans qu'ils s'en doutent, à des exercices qui, pour être quelque peu fatigants, n'en sont pas moins hygiéniques et profitables.

Ceux qui doivent vivre cultivateurs sont ainsi, de bonne heure, formés à leur métier; ceux, au contraire, qui demanderont à une autre profession leurs moyens d'existence et d'affaires, trouveront dans les leçons d'agriculture le secret d'une distraction utile et d'un délassement avantageux.

On trouve du temps pour faire manœuvrer les jeunes garçons avec des fusils de bois ; pourquoi n'en trouverait-on pas pour leur apprendre la manœuvre du greffoir et celle du sécateur ? Pourquoi leur laisser ignorer l'art de planter et de conduire les arbres ? Pourquoi ne pas leur apprendre à jeter en terre le blé qui doit produire la moisson ?

Les initier à ces premiers travaux qui ne sont pas pénibles et qui ne laissent pas que d'être agréables, c'est les associer aux secrets et à la puissance de la nature ; c'est aiguiser leur désir de produire et faire naître en eux ce sentiment qui nous porte à mépriser la peine, en perspective du succès ; c'est en même temps un moyen de conserver dans leur cœur l'estime et l'affection pour leurs parents dont le métier finit par leur plaire, d'autant plus que leur instruction les met à même de marcher plus sûrement vers le progrès.

Cinquième Réponse.

Je ne nie pas l'utilité du certificat d'études, mais

je dois avouer que ne je l'ai jamais bien comprise ; j'y demanderais tout au moins des modifications.

Habitant de la campagne, j'ai considéré les effets de ce diplôme dans ses rapports avec les intérêts agricoles, et j'ai trouvé qu'à ce point de vue, il est l'un des moyens les mieux réussis pour diminuer, dans les champs, le nombre des travailleurs.

Quand j'ai questionné les pères de famille sur leur ardeur à poursuivre pour leurs enfants l'obtention du certificat d'études, ils m'ont invariablement répondu : « Vous comprenez bien que je ne veux pas que mon fils, avec l'instruction qu'il a, *soit un simple cultivateur de terre ;* son certificat servira à le bien placer. »

Si je demande où, quand et comment, la réponse alors devient vague et présomptueuse.

Or, comme résultat final et conséquence certaine de cette tendance vers des situations incomprises, la campagne perd un bon nombre des bras dont elle a besoin; les pères de famille sont privés de l'aide qu'il pouvaient attendre de leurs enfants; ceux-ci, à leur tour, deviennent le plus souvent des déclassés, courant après la réalisation de projets ridicules et éphémères, pour arriver à une réalité décevante.

Voilà bien ce qui arrive, et voilà bien le mal qu'il faut empêcher.

Si le certificat d'études doit avoir une sérieuse utilité, c'est lorsqu'il cessera d'être générique pour s'appliquer aux spécialités. Celui-là produira certainement de bons effets qui sera décerné à l'écolier ayant le mieux réussi dans l'application de son instruction aux travaux agricoles.

SIXIÈME RÉPONSE.

De ce qui vient d'être dit, il résulte que non seulement l'instruction primaire, telle qu'elle est donnée maintenant dans les écoles, n'est pas favorable au développement de l'industrie agricole, mais encore qu'elle contribue à acheminer dans d'autres voies, et souvent sans profit, ceux qui étaient nés pour l'agriculture et qui auraient pu y trouver un bon emploi de leur capacité, de leur force et de leur activité.

Pour que cet inconvénient disparaisse, il faut au moins, dans les communes rurales, que l'instruction devienne agricole. Il faut empêcher les désertions ; il faut fixer du côté du sol qui les a vus naître, ces forces vives qui vont s'éparpiller et se perdre dans les grands centres, où elles deviennent, le plus souvent, une exubérance encombrante.

C'est logique, parce que négliger les forces qui peuvent être appliquées à la culture, c'est négliger de tirer le meilleur parti de la terre; c'est négliger d'utiliser la plus grande richesse de la France.

C'est logique encore, parce que, si l'enfant doit échapper à la direction de ses parents, depuis six jusques à quatorze ans, pour obéir à la loi scolaire, il est juste qu'il ne reste pas étranger, pendant cette période, aux choses qu'il eût apprises de son père, si ce dernier eût été libre de le guider à son gré.

CONCLUSION

Trouver le moyen d'enseigner l'agriculture pratique dans toutes les écoles primaires de la campagne.

Chamoux, le 1er juillet 1885.

THOMAS Ph^{rt}.

CONFÉRENCE
SUR LES CÉPAGES AMÉRICAINS
PRODUCTEURS DIRECTS

Faite au Congrès des Sociétés savantes de la Savoie, réunies à Montmélian les 10 & 11 août 1885

PAR M. PIERRE TOCHON

Président de la Société centrale d'Agriculture
du département de la Savoie.

MESDAMES, MESSIEURS,

Nous ne venons pas vous parler du phylloxéra; tout le monde le connaît : la majeure partie des vignes de la France a eu sa visite, et ce qui est aujourd'hui indemne peut ne l'être plus demain.

Heureusement, le vigneron n'est pas tout à fait désarmé pour atténuer les dommages causés par l'insecte : on peut avantageusement utiliser les injections de sulfure de carbone, pour soutenir une vigne à fruits au début de l'attaque, et lorsqu'on ne lui a opposé aucune résistance, lorsque cette imprévoyance a amené la destruction complète de ce précieux arbuste, on a le moyen de reconstituer les surfaces qu'il occupait, sans crainte de voir les nouvelles plantations envahies périr sous la morsure du puceron.

C'est donc de la reconstitution des vignes détruites que nous venons vous entretenir aujourd'hui.

Vous savez tous qu'il y a un certain nombre de cépages du Nouveau-Monde, qui, alors même qu'ils sont envahis par le phylloxéra, ne souffrent pas de ses atteintes, leur séjour sur les racines n'entrave pas la circulation de la sève, elle continue à s'opérer du sol à la partie aérienne de l'arbuste.

Malheureusement, les cépages qui résistent le mieux au phylloxéra, — car tous n'ont pas le même degré de résistance, — donnent des raisins pulpeux, ayant un goût spécial de fruits, et ces raisins sont si peu développés que l'on ne peut les utiliser avantageusement pour faire du vin, d'abord parce qu'ils en donnent trop peu, et ensuite parce que le jus que l'on en obtient est plus ou moins désagréable aux consommateurs.

Il résulte de ces circonstances que, pour utiliser les vignes américaines, on doit les greffer pour changer la qualité de leurs fruits et utiliser, pour y arriver, les cépages qui, jusqu'à ce jour, ont donné dans chaque vignoble les meilleurs vins et les meilleurs résultats.

Malheureusement, on exagère les difficultés du greffage de la vigne, peu en usage jusqu'à ce jour;

puis le greffage empêche le provignage, qu'on utilise depuis des siècles dans nos pays. Ces deux inconvénients, venant se joindre aux dépenses en travail et en acquisition de bois ou de racinés que l'on est obligé de faire pour utiliser les cépages américains, empêchent la reconstitution rapide des vignes assez phylloxérées, pour ne pas payer, par leurs produits, les frais de culture et les impôts dont elles sont chargées.

Afin de vaincre ces difficultés, on a cherché dans les collections de plants américains, et surtout parmi les hybrides obtenus de semis, tant en Amérique qu'en Europe, ceux qui pourraient être avantageusement cultivés sans avoir besoin d'être greffés et qui seraient cependant assez résistants, malgré leur métissage avec les plants européens, pour ne pas succomber aux morsures de l'insecte.

Ces producteurs directs seraient d'autant plus précieux qu'ils seraient moins accessibles que les nôtres aux maladies cryptogamiques, tels que : l'érinée, l'oïdium, l'anthracnose et le mildew ; qu'ils résisteraient mieux aux gelées d'hiver et de printemps, et qu'ils seraient moins sujets à la coulure.

Ces recherches ont été couronnées de succès, et l'on peut dire, dès aujourd'hui, que si aucun raisin de cépages américains hybrides, ou non, obtenus jusqu'à ce jour. ne peut donner les produits que l'on obtient du Pinot, du Carbenet, de la Serine, du Gamay, de la Mondeuse et de tant d'autres cépages qui produisent des grands vins, on a un certain nombre d'hybrides américains donnant de bons raisins fournissant du vin de grande consommation généralement plus coloré, plus alcoolique, et souvent meilleur que les vins communs de nos vignobles et surtout de nos treillages.

Nous plaçant en ce moment au point de vue de la production viticole de la Savoie, nous devons aussi nous enquérir de l'époque de maturité de chaque raisin, pour nous assurer que l'on pourra en faire du vin, même dans les années les moins favorables.

En résumant les conditions que l'on demande pour adopter un producteur américain direct, il doit : 1° résister au phylloxéra ; 2° être moins sujet que les nôtres aux maladies cryptogamiques, à la gelée, à la coulure ; 3° donner un vin plus coloré, plus alcoolique et sans goût spécial sensible.

Disons, pour n'y plus revenir, que nous avons cultivé nous-même tous les cépages américains à bons fruits que nous allons indiquer, et que nous parlons, non pas seulement d'après notre expérience, mais après avoir contrôlé nos renseignements avec ceux des personnes qui se sont le plus occupées de ce sujet.

Les cépages américains à produits directs qui mûriront à peu près partout en Savoie appartiennent à différentes variétés :

Œstivalis : Cynthiana, Eumellan, Elsimboro, Jacquez.

Labrusca : Catawba, Concord, Isabella, Senasqua ou Schiller.

Hybrides : Autuchon, Black-Eagle, Brandt, Canada, Cornucopia, Delaware, Elvira, Huntingdon, Noah, Othello, Secretary, York-Madeira, Barry.

De ces vingt-un plants qui mûrissent chez nous et qui tous ont eu leur jour de recommandation, le plus grand nombre doit être éliminé, soit parce qu'ils ne résistent qu'imparfaitement aux atteintes du phylloxéra, et qu'ils sont trop soumis aux attaques des maladies cryptogamiques, soit parce qu'ils débourrent trop tôt ou que leurs raisins coulent habituellement, soit parce que les grappes sont trop rares, trop petites, soit enfin que le vin obtenu du pressurage de leurs raisins a un goût trop désagréable pour être admis dans le commerce.

Après cette élimination sommaire, nous divisons les autres en deux catégories, ceux qui méritent d'être étudiés et ceux qui, dès ce jour, peuvent servir à regarnir nos vignes et nos treillages à vins communs ou demi-fins.

Parmi les cépages à étudier, nous plaçons :

Dans les *æstivalis* : le Cynthiana et le Jacquez ;

Dans les *labrusca* : le Senasqua;

Parmi les *hybrides* de toutes provenances : le Black-Eagle, le Cornucopia, le Delaware, l'Huntingdon ;

Enfin, les plants dont on peut, sans hésitation, conseiller la plantation, parce qu'ils réunissent toutes les qualités à exiger que nous avons indiquées ci-avant, se réduisent à deux raisins rouges : l'Othello et le Canada.

Donnons d'abord quelques renseignements sur les cépages américains à mettre à l'étude avant d'en faire des plantations :

Cynthiana.

Le Cynthiana est un œstivalis du Nord qui a eu et qui a encore aujourd'hui bien des partisans dans notre région ; citons parmi les plus recommandables : MM. Robin, de l'Ardèche, et Gaillard, de Brignais (Rhône).

Le Cynthiana résiste au phylloxéra, il n'est pas soumis aux maladies cryptogamiques, il se plaît dans les alluvions, dans les sols argilo-siliceux, il donne un vin rouge foncé, alcoolique et sans goût accentué ; enfin, il résiste aux gelées d'hiver et de printemps.

On lui reproche de ne pas se multiplier de bouture et difficilement de greffe, il craint les marnes et les terrains secs, il est peu productif et se met tardivement à fruit, et ce fruit ne mûrit pas au-dessus de 400 mètres d'altitude ; enfin, son vin est tellement concentré qu'on doit le dédoubler avec de l'eau, dans la cuve, pour le ramener à l'état normal du vin à consommer.

MM. Degaillon, d'Aix ; Falcoz et Viviand, des Marches, et quelques autres viticulteurs l'ont mis en expérience ; ils se louent des résultats qu'ils en obtiennent en le multipliant au moyen du marcotage japonais et en le conduisant à long bois.

Au Congrès de Lyon de 1885, on ne l'a pas compris dans les plants américains directs à planter dans le centre de la France.

Jacquez.

On reproche au Jacquez d'être facilement attaqué par l'anthracnose et le mildew, d'être soumis à la coulure, d'avoir des rafles trop développées et des grains trop petits qui occasionnent un grand déchet au pressurage.

Ces reproches sont sans doute fondés; mais, d'un autre côté, le Jacquez se multiplie facilement, il a un accroissement rapide, il se met de bonne heure à fruit, et, si ses grains sont petits, ses grappes sont longues et nombreuses ; son vin est de bonne qualité, sans goût spécial, et, dans le Midi, où il est cultivé en grand, il est très estimé pour les coupages et la coloration naturelle des vins d'Aramon; en l'élevant en treillages à une certaine hauteur, il n'est pas attaqué par l'anthracnose ; enfin, c'est un excellent porte-greffe.

Ces diverses considérations nous l'ont fait placer dans les plants qui méritent d'être étudiés dans notre région.

Senasqua ou Senaqua.

Le Senasqua ou Schiller est classé par M. Foex, dans son *Catalogue des Ampélidès*, parmi les *La-*

brusca; ailleurs, on le considère comme un hybride originaire de l'État de New-York. La résistance de ce cépage, d'abord considérée comme douteuse, a été affirmée par M. Gaillard.

Le Senasqua a été préconisé comme un cépage pouvant rendre de grands services dans les localités où l'on a à craindre les geléestardives du printemps, parce que, lorsqu'il débourre, la crainte du retour du froid est passée.

Ce cépage a des qualités incontestables qui l'ont mis en relief. Il est à peu près exempt des attaques de l'oïdium et du mildew; son raisin est gros, juteux; son vin est généreux, brillant, assez coloré; il reprend facilement du bouture.

On reproche au Senasqua son exigence sous le rapport du sol, il craint surtout les terrains secs; enfin, son vin a un goût foxé assez prononcé.

Les abondantes productions du Senasqua engageront les amateurs à l'essayer dans les terres de bonne qualité.

Black-Eagle.

On reproche au Black-Eagle, qui est un hybride, son petit produit; nous ne pensons pas ce reproche fondé, car, depuis quelques années que nous le cultivons à long bois, il s'est toujours chargé de grosses et longues grappes à gros grains juteux, légèrement foxés, il est vrai. C'est un cépage à mettre en expérience.

Cornucopia.

Le Cornucopia est un hybride dont on a exalté le mérite, on le citait comme un des meilleurs producteurs directs obtenus jusqu'à ce jour; aussi on l'a essayé un peu partout, il s'est généralement montré assez sensible aux attaques du phylloxéra.

On lui reproche encore de débourrer à un moment où les bourgeons des autres cépages sont encore endormis, et, par là, d'être soumis plus que tous autres aux atteintes des gelées tardives du printemps. M. Robin n'en conseille pas la culture. On n'est pas suffisamment renseigné pour se prononcer sur ses produits.

Huntindon.

L'Huntindon est un hybride du Rupestris et du Riparia. M. Champin le dit très hâtif et très fertile, c'est un nouveau venu dans la série des producteurs directs, que l'on fera bien de mettre à l'étude.

PRODUCTEURS DIRECTS

A FRUITS ROSES ET BLANCS

Jusqu'à ce jour, on n'a pas été assez heureux pour obtenir, par l'hybridation, des cépages blancs qui puissent être avantageusement utilisés pour remplacer nos cépages, tous ont un goût plus ou moins accentué qui en gâte la qualité.

Delaware.

Le Delaware est un hybride blanc-rosé obtenu en Amérique ; on lui reproche, dans le Midi, son peu de résistance au phylloxéra et sa difficile reprise de bouture. Dans le Centre et l'Ouest, on le condère comme résistant.

Le Delaware a de la précocité, ses nombreuses petites grappes rosées s'échelonnent le long de ses bourgeons. Dès la seconde quinzaine de septembre, on peut le récolter.

C'est un raisin de table pulpeux, agréable au goût, qu'il semble difficile d'utiliser pour en faire ud vin.

Noah.

Le Noah est un hybride de l'Elvira, duquel il tient sa vigueur, sa végétation exhubérante et son abondante fructification. Le Noah est résistant au phylloxéra. Il joint à sa fécondité la précocité.

Chez nous le Noah réussit très bien ; seulement ses nombreux raisins, surpris par la pluie, ont une disposition à la pourriture.

Bien que Mme veuve Ponsot parle avec avantage du vin de Noah qui, dit-elle, s'améliore et perd en vieillissant son goût accentué de fraises, nous ne saurions en conseiller la culture un peu en grand, parce qu'il n'entrera jamais dans le commerce pour la consommation ordinaire.

Pour nous, le vin de Noah pourrait devenir, en

vieillissant, un vin de petit verre, à boire par curiosité, mais rien de plus. Nous en avons aussi essayé la distillation : les eaux-de-vie que l'on en obtient ont, elles aussi, le goût miellé du vin et du raisin.

Elvira.

Nous ne dirons rien de l'Elvira, il a toutes les qualités de son hybride le Noah ; mais le vin que l'on en obtient a les mêmes défauts encore plus accentués que celui de ce dernier.

Le Noah et l'Elvira étant résistants, ayant des rameaux vigoureux et longs, à mérithalles courts, de facile reprise, sont l'un et l'autre des plants à cultiver pour leur bois, ils font d'excellents porte-greffe.

Cépages américains à production directe, dont on peut, dès ce jour, conseiller la plantation.

Il nous reste à parler des deux seuls plants américains à bons fruits qui réunissent assez d'avantages pour en conseiller la culture : ce sont l'Othello et le Canada.

Othello.

L'Othello a été obtenu au Canada d'une hybridation artificielle opérée, d'après M. Gaillard, avec un Riparia ; d'après M. Félix Sahut, d'un cépage appelé Clinton, qui ne serait pas le Clinton ordinaire, et du Freukenthall, raisin de table à grand produit que l'on trouve dans tous nos jardins.

Cette filiation explique la grande fertilité de l'Othello; il la tient du Freukenthall, dont il a pris la couleur noire, la grosseur des grains, le développement de ses grappes longues et ailées et aussi partiellement les feuilles.

L'Othello, dit M. Félix Sahut dans son ouvrage, récemment paru sur les vignes américaines, signale son hybridation américaine par ses grappes et ses vrilles disposées différemment, selon les rameaux sur lesquels on les observe.

On sait que sur les rameaux des vignes, les grappes, ainsi que les vrilles qui en tiennent lieu, sont toujours opposées aux feuilles, c'est-à-dire placées en regard de celles-ci. Elles se présentent généralement par deux à la suite, avec intermittence d'une place vide, c'est-à-dire d'une feuille sans grappe ou vrille qui lui soit opposée, ce qui est la disposition naturelle que montrent entre eux ces organes de fructification ou de préhension dans la plupart des vignes américaines. On sait aussi que cette même disposition, surtout particulière à nos cépages européens, se manifeste chez tous et sans aucune exception.

Sur tous les pieds d'Othello, on remarque quelques-uns des rameaux qui présentent ce dernier caractère, tandis que sur d'autres, au contraire, on voit les vrilles se suivre sans alternance, c'est-à-dire sans solution de continuité par 4, 5, 6, et même davantage, comme on l'observe sur le Vialla, le

Franklin et plus complètement encore sur les Labrusca. »

On a souvent mis en doute la résistance de l'Othello aux attaques du phylloxéra; mais les plantations de M. Guiraud, de Nîmes, celles de M. Félix Sabatier, qui comptent 14 à 15 ans d'existence en pays fortement phylloxéré, en assurent la résistance.

On n'est pas bien d'accord sur les exigences de l'Othello sous le rapport du sol : les uns le préconisent comme venant partout, d'autres le considèrent comme exigeant un sol de bonne qualité ; nous pensons que la production exceptionnelle de ce cépage nécessite une terre de choix ou des fumures rapprochées, lorsque l'on opère dans des terrains de qualité inférieure. Ce sera le seul moyen d'en obtenir d'une manière permanente une récolte abondante.

L'Othello pousse vigoureusement des bourgeons garnis de feuilles gaufrées d'une teinte pâle à leur naissance ; adultes, elles passent au vert foncé. Ces feuilles sont couvertes à la surface inférieure d'un léger duvet qui, réuni au goût spécial de son raisin, accuse sa parenté avec les Labrusca plutôt qu'avec le Riparia.

L'Othello se met de bonne heure à fruit, il reprend facilement de bouture et de greffe.

M. Félix Sabatier, principal propagateur de l'Othello, fait le plus grand cas du vin que l'on en obtient ; son goût, légèrement foxé dans le Midi, l'est moins dans les pays tempérés, il diminue avec les soutirages ; ce vin est d'une belle couleur, assez alcoolique, de bonne garde, agréable au goût.

L'Othello, qui souffre légèrement de l'oïdium et du mildew, mûrissant son raisin un peu après le Gamay et avant la Mondeuse, il sera avantageux de le placer à bonne exposition sur les coteaux, de lui donner des cultures d'entretien et des fumures suffisantes qu'il payera largement de ses produits.

L'Othello se prête indifféremment à la taille courte et à la taille longue, mais le développement de ses pampres et le nombre de raisins qui y naissent indiquent d'une manière péremptoire qu'il préfère le treillage à la taille en corne.

L'Othello, nous n'en doutons pas, est appelé à remplacer avantageusement, en quantité et en qualité, les cépages qui garnissent aujourd'hui nos treilles ; aussi nous n'hésitons pas à en conseiller la plantation là où le phylloxéra a pris pied et même dans les treillages qui ne sont pas encore attaqués.

Canada.

Le Canada est, sans contredit, l'hybride américain qui, par son fruit, son port et ses feuilles, se rapproche le plus des formes des cépages français.

On donne pour origine à ce raisin le Clinton du Canada et le Grenache ou l'Alicante du midi de la France.

Le Canada, que nous cultivons depuis cinq ans en pays non phylloxéré, il est vrai, a attiré tout particulièrement notre attention par les qualités de son raisin franc de goût.

Depuis huit ans on en cultive un certain nombre de plants à l'Ecole d'agriculture de Montpellier, il continue à végéter avec vigueur et à donner des fruits, en affirmant sa résistance en pays phylloxéré.

Les vrilles, dans le Canada, alternent toujours par deux, comme dans nos cépages français. Les mérithalles sont courts; les feuilles, fortement découpées à l'état adulte, sont entières sur une partie des sarments. En automne, ces feuilles se teintent d'une coloration vineuse qui passe au rouge à l'époque de la maturité du fruit.

Le Canada est précoce, moyennement fécond à la taille courte ; mais à la taille longue, ses grappes sont nombreuses, quelquefois simples et courtes, d'autrefois moyennement longues et ailées.

Le grain du raisin est rond, noir, pruiné, moyennement gros, à peau mince, à jus abondant.

Le jus que l'on en obtient, très franc de goût, donne un vin fin, agréable à boire, moins foncé que celui obtenu de l'Othello, moyennement alcoolique.

On reproche au Canada de débourrer de bonne heure et d'être, par conséquent, exposé aux gelées tardives. Depuis cinq ans que nous l'observons, nous ne l'avons jamais vu souffrir des gelées blanches,qui cependant se produisent assez dans le lieu où il est planté.

Le Canada reprend facilement de bouture et de greffe sur plants français et américains.

Nous n'hésitons pas à recommander le Canada comme nous l'avons fait de l'Othello. Si le premier donne des fruits en moins grande abondance que le second, son vin sera incontestablement plus fin, et l'on aura déjà mis en cuve le Canada lorsque l'on cueillera l'Othello ; mais pour obtenir de ces deux hybrides de bons résultats, il faut les conduire l'un et l'autre à la taille à long bois, et leur donner les soins de culture et de fumure qu'exige le maintien d'une bonne production.

Comment l'on arrivera à multiplier à peu de frais l'Othello et le Canada.

On ne nous reprochera pas notre optimisme pour les producteurs américains à bons fruits, puisque nous recommandons jusqu'à ce jour deux seules variétés à fruits rouges. Il nous reste à indiquer comment l'on arrivera à multiplier à peu de frais l'Othello et le Canada.

De même que toutes les denrées rares et très recherchées, les bois d'Othello et de Canada se vendent encore cher, tandis que la plupart des boutures de plants américains porte-greffe sont tombées, à peu de chose près, au prix des boutures des cépages français. Si donc l'on veut multiplier ces plants presque sans bourse délier, il faut demander le moins de boutures possible aux vendeurs, et cependant arriver à avoir le plus tôt possible des boutures et des greffons.

Pour obtenir ce résultat, nous procédons, non par le bouturage, mais par le greffage.

Le greffage de l'Othello et du Canada peut se faire sur des porte-greffes américains de deux ans, ou sur des vignes françaises.

Lorsque l'on opère sur des porte-greffes américains, on peut, sans inconvénient et avec avantage, placer le greffon à quelques centimètres au-dessous du niveau du sol ; le greffon sera maintenu frais, il poussera des racines qui se développeront sans en faire l'ablation, le greffon et le porte-greffe étant résistants aux attaques du phylloxéra.

Si l'on n'a pas de plants américains pour recevoir la greffe d'Othello ou de Canada, on greffe sur des ceps français ; seulement, dans ce cas, on doit découvrir la tige souterraine de la vigne et placer le greffon, que l'on allonge de un ou de deux yeux, sur la première couronne des racines.

Ce greffon se soudera, il est vrai, à la racine du porte-greffe, en profitant du cépage francais ; mais, en même temps, il s'affranchira de cette tutelle en émettant le long de la partie souterraine du greffon américain des racines résistantes qui rendront bientôt inutiles celles du porte-greffe, condamnées à périr par suite des attaques de l'insecte.

Par la greffe on aura, dès la première année, une quantité de bois sur chaque greffon. Au printemps de l'année suivante, on les utilisera pour multiplier les deux hybrides recommandés, et dès la troisième année on disposera d'assez de boutures pour créer une pépinière.

Par ce procédé, dût-on payer dix centimes chacun des premiers greffons, on se sera procuré, pour un prix insignifiant, le moyen d'avoir, en peu de temps, le bois nécessaire à de plus grandes plantations.

Pierre TOCHON.

D'UNE SOCIÉTÉ D'ÉCONOMIE ALPESTRE

EN SAVOIE

PAR M. F. BRIOT

—

Je me propose, Messieurs, dans cette lecture, de résumer les circonstances qui ont conduit l'Administration des forêts à s'occuper, dans cette région, d'améliorations pastorales, de chercher ensuite quel concours peuvent lui apporter dans cette œuvre les Sociétés locales, les autorités sociales du pays.

Les années 1836, 1846 et 1856 ont laissé en France de néfastes souvenirs ; à chacune de ces dates, de terribles inondations semèrent la destruction à travers les plus riches de nos grandes plaines et vallées. Deux fois encore depuis, en 1866 et 1875, suivant une loi de périodicité décennale presque mathématique, le même phénomène se reproduisit.

On chercha la cause du fléau et le remède. Le système des digues insubmersibles, la construction de grands barrages propres à retenir les eaux de crue dans des lacs naturels ou artificiels, l'influence du boisement et du gazonnement des montagnes, furent tour à tour discutés et prônés.

Comme grand moyen, sinon de préservation complète, du moins d'atténuation considérable, le prix fut décerné au reboisement et gazonnement, et l'on tient maintenant pour démontré que l'origine du mal gît dans la dénudation ou la dégradation plus ou moins complète de ces centaines de petits bassins secondaires qui alimentent nos grandes rivières.

En 1845, M. Surell, alors jeune ingénieur à Embrun, avait fait ressortir, dans un magnifique mémoire, le plus beau livre peut-être de littérature alpine qui ait été écrit, la constitution du torrent alpestre, ses ravages, ses crues, les circonstances qui le font naître et celles qui *l'éteignent,* pour me servir de l'expression consacrée.

Le torrent, ce n'est ni l'Arly, ni l'Isère, ni l'Arc, ni l'Arvan ; les torrents, ce sont ces nombreux cours d'eau affluents des rivières que je viens de nommer et qui s'y précipitent de tous côtés, grossis en un instant par des trombes, des orages, des sacs d'eau, comme disent nos montagnards, qui crèvent tout d'un coup dans le vaste entonnoir où s'épanouissent leurs innombrables ramifications.

Le torrent coule dans des vallées très courtes, ses crues sont de peu de durée, ordinairement subites ; ses pentes varient très vite, elles excèdent 6 centimètres par mètre sur leur plus grande longueur sans descendre jamais au-dessous de 2 centimètres ; il affouille dans la montagne, dépose dans la vallée et divague ensuite sur ses dépôts : telles sont ses propriétés caractéristiques.

C'est, en Savoie, l'Arbonne qui menace toujours Bourg-Saint-Maurice, qui a enterré l'antique Bergentrum, dont une croix sur le cône indique l'emplacement de l'ancienne église, et détruisit, en 1676, 52 maisons du bourg actuel. C'est le Sécheron, un jeune monstre de 15 ans à peine, auquel une coupe forestière imprudente a donné le jour, en train de détruire la commune de Le Bois et qui déterminerait l'inondation d'Aigueblanche si, comme on le redoute à chacune de ses crues, les éboulements qu'il charrie venaient à barrer l'Isère, fort étroite à son confluent ; le Morel qui, d'après d'intéressants articles dus à M. Durandard, de Moûtiers, menace plusieurs routes nationale, vicinales ou rurales, les chefs-lieux de Grand-Cœur, de Saint-Laurent et l'Etrat, toute une plaine dite de Belle-Combe ; c'est la Gruvaz, sur Cevins ; c'est l'Envers, en haute Maurienne, qui, en 1866, inonda un grand village, et barrant l'Arc en même temps, forma un immense lac dont les eaux s'élevèrent à 3 mètres au-dessus du niveau actuel de la route nationale ; c'est le Saint-Antoine, épouvantail continuel pour les habitants de Modane ; c'est le Pousset, à Orelle, dont le bassin, presque entièrement cultivé au siècle dernier, n'est plus qu'un amas de décombres ; c'est la Grollaz, qui chaque année emporte quelques parcelles du territoire de Beaunne pour combler la vallée ; au niveau de la route nationale, ses déjections se sont élevées de 5^{m}20 depuis 1870 ; quand elle donne, elle ébranle les maisons des villages riverains, fend leurs maçonneries, et la nuit, le choc des matériaux fait ressembler son cours à une longue traînée de feu ; c'est le Saint-Martin et le Saint-Julien, entre Saint-Michel et Saint-Jean, qui plusieurs fois ont coupé le chemin de fer, interrompu le trafic, et à tout moment entraînent à l'Arc quelques-unes des plus précieuses vignes de la Maurienne ; c'est le Merderel, natif des Albiez, dont le nom fort expressif, qui se trouve appliqué à plusieurs cours d'eau du même genre dans tous les départements des Alpes, exprime l'horreur qu'ils inspirent aux populations ; c'est le Bujcon, à la Chambre ; le Vorgeray, à Randens, etc.

Sans doute la nature géologique du sol, son inconsistance et son altération sous l'action des agents atmosphériques, circonstances indépendantes de notre volonté humaine, préparent le sol à devenir la proie des torrents ; mais ces éléments réunis ne seraient point parvenus à entamer le sol, à le ronger, si l'homme, soit par imprévoyance, soit par besoin, n'avait pas détruit l'armure végétale dont de longs siècles d'inhabitation avaient revêtu les flancs de nos montagnes.

M. Surell, en s'appuyant sur des faits nombreux, visibles pour tous, établit les aphorismes suivants :

La présence d'une forêt sur un sol empêche la formation des torrents ;

La destruction d'une forêt livre le sol en proie aux torrents ;

Et encore :

Le développement des forêts provoque l'extinction des torrents ;

La chute des forêts revivifie les torrents éteints.

Ainsi fut mise en lumière la grande plaie des montagnes, leur déboisement. L'auteur de l'étude sur les torrents, appelé à d'autres luttes, dut quitter trop tôt les Alpes ; il construisit les chemins de fer du Midi et devint directeur du réseau. Mais son ouvrage, auquel l'Académie française avait décerné une de ses couronnes, contribua pour beaucoup à l'éclosion de la loi d'essai de 1860 sur le reboisement. Et une fois la guerre législativement déclarée aux torrents, les hommes de dévouement, de zèle et de persévérance ne manquèrent point à l'œuvre. Cette guerre sera longue ; heureusement, quelques revers essuyés au début n'ont pas découragé les caractères fortement trempés chargés du commandement. Bien des fois, au temps des premiers combats, un torrent en apparence dompté, envahit de nouveau un domaine que l'on croyait définitivément conquis, entraînant et détruisant dans sa rebellion des ouvrages trop chétifs. Mais le travail de M. Surell eut sa suite nécessaire dans le livre d'un forestier où se trouve véritablement codifié l'art d'éteindre les torrents, livre que les Allemands se sont empressés de traduire, en même temps qu'un ministre de l'empire Austro-Hongrois, et après lui une nombreuse mission venait étudier sur place la vallée de Barcelonnette, le plus glorieux champ de bataille des reboiseurs depuis le commencement de la rude campagne qu'ils ont entreprise.

Maintenant, Messieurs, les règles applicables à la construction, à la forme, aux dimensions des barrages en maçonnerie, des clayonnages en bois de tous genres et des fascinages, tous ouvrages destinés à la correction des lits, à déterminer par de vastes atterrissements leur exhaussement, l'élargissement de leur section et des chutes appelées à annihiler la rapidité du cours des eaux, les procédés de culture qui garantissent la réussite des semis et des plantations jusqu'aux limites les plus élevées, tout cela se trouve aujourd'hui nettement formulé. Le reboisement envisagé comme moyen de défense et de protection réussira donc, et désormais, nous pouvons l'affirmer, pour chaque effort on comptera une victoire de plus.

Mais, Messieurs, l'arbre ne dépasse pas en altitude une limite fixe sous un climat donné. Au-dessus de la zone forestière devra toujours régner le gazon. On laissera l'herbe occuper également les plateaux et les pentes douces, où les herbages constituent la ressource la plus précieuse des populations alpines.

Cinq ou six cent mille hectares de pâturages dans les Alpes françaises appartiennent aux communes et ne sont, pour ainsi dire, soumis à aucune surveillance ; ils périclitent partout, obligés de fournir toujours sans rien recevoir qui puisse réparer les pertes qu'entraine une production continue. Cependant, comme celle des bois, à un moindre degré seulement, sous le rapport hydrographique, leur conservation et leur extension présentent un caractère d'intérêt général de même ordre que le reboisement.

Or, aujourd'hui,c'est tantôt le mouton de Provence qui les dévaste annuellement, introduit en nombre excessif relativement à la possibilité des pâturages.

Tantôt c'est le mouton indigène, envoyé trop tôt dans les Alpes, avant que les fleurs ne soient épanouies, que les graines aient germé, que les racines des plantes se soient affermies après le délayement du sol au printemps.

Améliorer cette immense superficie de 500,000 hectares communaux ! Quelle tâche ! quelle entreprise ! On créera sans doute de nouveaux fonctionnaires ? Non, Messieurs, rassurez-vous ; cela ne sera pas nécessaire. On a songé à un levier plus puissant et moins coûteux que la coercition administrative : au sentiment qui pousse tout propriétaire à rechercher la satisfaction de son propre intérêt. De la surexcitation de ce sentiment, de sa mise en mouvement résulteront toutes les améliorations désirables.

La richesse réelle de la terre et sa fécondité naissent plutôt du débouché que de la fertilité du sol. Par conséquent, une contrée parvenue à découvrir le produit qu'elle est le plus apte à obtenir économiquement et à écouler aisément, a trouvé la voie qui mène à la fortune et ouvre l'esprit aux idées de conservation et de progrès : l'Angleterre offre la preuve la plus magnifique de cette vérité.

Longtemps le cultivateur anglais, comme ceux du continent, ne travailla pas en vue du marché. Il consommait ses denrées sur place et ne paraissait accessible à aucune idée d'échange. Mais vinrent les grands inventeurs Arkwright et Watt, avec eux les énormes progrès qu'engendra l'emploi de la vapeur. Des fourmilières humaines riches et actives se développèrent, et les milliards de salaires dont disposaient ces masses de travailleurs exploitant tout un monde souterrain, les Indes noires de l'Angleterre, vinrent s'offrir au cultivateur en échange de pain, de viande, de lait, de beurre, de fromage ; un immense débouché s'ouvrit à la culture anglaise.

Alors tous les progrès s'accomplirent, chaque district choisit une spécialité. Le Weald se métamorphose complètement, grâce à une large infusion de capitaux venant du dehors. Les montagnes les plus ingrates du pays de Galles sont mises en valeur par un nombreux bétail ; le Glocester trouve dans la fromagerie une source immense de richesses; le Chester fonde également sa fortune sur l'exploitation d'herbages à l'aide des vaches à lait ; le Derby, pays très haut, défavorable aux céréales, improductif par nature, devient une des plus heureuses contrées d'Angleterre, une fois qu'on ne songe dans ses montagnes qu'à la production de bœufs et de laitage ; le comté d'Ayr, ancien pays de bruyères, se transforme en une sorte d'Arcadie et donne naissance à une race de vaches des plus charmantes et des plus parfaites qui existent.

Des perspectives tout à fait semblables ne s'ouvrent pas pour nos montagnes alpines ; la théorie des débouchés trouve néanmoins chez elles son application. On obtiendra dans la haute montagne le plus haut degré de prospérité possible, en cessant de s'adonner, à l'exemple de l'Angleterre, à la culture de toutes les denrées coucourant à l'entretien de la vie, mais en concentrant ses efforts sur celles seulement que le sol est le plus apte à fournir aux moindres frais, en plus grande quantité et de qualité supérieure. Chaque région alpine doit rechercher en quelque sorte sa vocation agricole et harmoniser ses cultures avec cette situation nouvelle créée par des chemins de fer et tant de routes qui pénètrent dans les replis les plus reculés des massifs montagneux, permettant ainsi l'importation des produits du dehors, l'exportation des spécialités locales. Pas de doute, Messieurs, les céréales sont peu faites pour les localités au-dessus de 1,000 mètres; elles ne le sont pas du tout pour celles qui dépassent 1,500 mètres, où domine l'assolement biennal avec le seigle, où les terres réclament trois labours annuels, où souvent les champs légers et inclinés ne tardent pas à laisser percer la roche nue, si l'on ne remonte pas fréquemment les couches de terre végétale à dos d'hommes et de mulets, où, violant en quelque sorte les lois de la nature pour forcer la terre à une production qu'elle refuse, l'homme sème en août pour ne récolter l'année suivante qu'en septembre, faisant ainsi parcourir à ces céréales une phase de plus d'une année, qui l'oblige nécessairement à laisser la moitié du sol arable dans l'improductivité.

Combien seraient plus lucratives des plantes fourragères qui maintiendraient les terrains mouvants et, en procurant d'abondantes fumures, atténueraient les inconvénients des autres cultures en les rendant plus productives.

Il faut donc étendre prairies et pâturages, cultures plus avantageuses dans nos montagnes que toute autre et qui réclament, cela se démontre, quatre fois moins de salaires ou de bras.

C'est du marché qu'il faut attendre cette transformation.

Cherchons celui qui convient.

Ce n'est pas la production de la laine qui satisfera nos producteurs alpins. Depuis les traités de 1860, depuis qu'à la Plata, au Cap, dans l'Uruguay, en Australie, des millions d'hectares nourrissent chaque année presque sans frais des millions de moutons, depuis que le public consommateur préfère de son côté les tissus dits de nouveauté produits par un outillage perfectionné, avec les laines grossières du Nouveau-Monde, aux draps anciens fabriqués avec les laines fines d'Europe, on ne trouve plus chez nous, dans la production de la laine, le prix rémunérateur d'autrefois ; depuis vingt ans, le prix a baissé de trois cinquièmes au moins.

Est-ce la viande qui répondra le mieux à nos besoins ? Tous les agronomes s'accordent à dire que, pour payer le foin à un prix avantageux, il faut que la viande soit achetée à un franc le kilogramme de poids vif chez le cultivateur ; or, les pays riches et industriels, les villes importantes, dans leurs environs, peuvent seules payer la viande à ce prix, et ce chiffre n'a jamais été atteint dans les vallées tant soit peu écartées de nos montagnes.

Reste le lait : c'est le lait transformé en produits échangeables, susceptibles d'une longue conservation et dont la valeur alibile dépasse celle de tout autre comestible, capables de passer les mers et de trouver acheteurs dans les contrées où un soleil trop ardent ne permet pas l'entretien d'animaux laitiers; c'est le lait ainsi travaillé qui répondra le mieux aux conditions que nous cherchons.

Seulement, pour que sa production soit lucrative, il faut appliquer à sa manipulation le principe d'association ; il faut des fruitières, locaux où chaque jour de grandes masses de lait apportées par un grand nombre de producteurs sont travaillées ensemble. L'association substitue ainsi la spécialité à la routine des fabricants ordinaires, des locaux appropriés à la cuisine des ménages ruraux, et fait participer la plus petite quantité de lait versé au même bénéfice proportionnel que la plus grande ; elle engendre enfin l'esprit d'économie par l'importauce des dividendes distribuées, au lieu de petites sommes qu'on se sent porté à gaspiller là où ce système n'est point adopté.

Cette organisation a produit, partout où elle s'est implantée, des résultats en quelque sorte merveilleux.

Ignorant encore les effets des fruitières et cherchant à m'en instruire, je tombai dans un premier voyage entrepris dans ce but sur Nantua. Là, j'en entendis parler avec un véritable enthousiame par le zélé secrétaire du comice de l'arrondissement. Permettez-moi de vous rapporter en quelques mots les souvenirs que j'emportai de ma visite :

« Les fruitières procurent peut-être plus d'aisance à notre population, me dit M. Carrier, que les vignes aux pays vignobles. Autrefois, avant la création de bonnes routes, des chemins de fer et l amélioration de la navigation du Rhône, on s'occupait principalement de la production des grains; aujourd'hui, on n'y songe plus, on a converti le plus possible de champs en prairies artificielles, et l'on importe des blés.

Les communes qui jadis vendaient deux cents voitures de foin au dehors en achètent deux cents maintenant ; leurs prairies artificielles en produisent encore deux cents, soit une différence de 6,000 quintaux métriques nécessaires au bétail que l'on entretient en plus. La vigne enrichit le propriétaire, mais appauvrit le sol; la fruitière enrichit l'un et l'autre ; le bétail augmente considérablement ; de là d'énormes quantités de fumier disponibles. On en répand jusqu'à 100 mètres cubes par hectare. On transforme les plus mauvais terrains à l'aide d'engrais semés à profusion, on cultive à la fois grains et plantes fourragères, et les champs produisent de 25 à 30 hectolitres en général Le rendement de 15 hectolitres est le moindre, tandis qu'il y a quarante ans, le chiffre de 8 à 10 hectolitres n'était pas dépassé. En somme, les fruitières ont eu pour effet :

1° L'introduction de l'aisance chez le propriétaire ;

2° L'amélioration du sol ;

3° Le perfectionnement du bétail.

On possède maintenant une race dont les sujets donnent 20 à 25 litres après le vélage, et une moyenne de 15 litres pendant les six mois qui le suivent. Ces sujets rapportent jusqu'à 350 et même 400 francs par an.

Depuis l'établissement des fruitières, on ne trouve plus de bœufs et de chevaux que là où ils sont absolument nécessaires pour opérer de lourds transports, pour la vidange des bois. On considère que la vache rapporte trois fois autant que le bœuf à l'engrais, et six fois plus que l'élevage du cheval. Ces améliorations se sont accusées encore pour une augmentation considérable de la valeur des granges (fermes ou métairies) ; celles qui, avant l'institution des fruitières, ne valaient pas plus de 15,000 francs, se vendent aujourd'hui 60,000 francs.

Quelques lieues plus loin, je constatai qu'en même temps que la fabrication fromagère avait pris la forme de l'association, l'industrie domestique s'était développée rapidement. Elle y est venue remplir les loisirs que crée une vie pastorale bien entendue, pendant l'hiver, alors que le bétail réuni sous le toit de son maître devient le seul objet des préoccupations de celui-ci. C'est sur la terre classique des fruitières, sur les plateaux les plus élevés de la chaine jurassienne, que nous trouvons des exemples d'industrie domestique des plus curieux qui soient au monde. A Septmoncel, endroit réputé par la production d'un des meilleurs fromages bleus, l'habitant, au lieu de chercher dans l'émigration une ressource contre la pauvreté du territoire qu'il habite et qui ne suffirait pas à le nourrir pendant le tiers de l'année, s'est adonné à la taille des pierres précieuses. Ce travail occupe, dit-on, 3,000 personnes dans le village et ses environs, et y rapporte net 1,200,000 à 1,500,000 francs. Et tout près de là, autour des cités industrielles de Morez et de St-Claude, plus de 10,000 ouvriers campagnards travaillent artistement le bois, l'horlogerie, la lunetterie, etc.

Et ne sont-ce pas là, Messieurs, les progrès les plus souhaitables dans nos montagnes ?

Oui. Stimulées par les bénéfices d'une industrie laitière rationnelle, les populations agrandiraient leurs herbages, utiliseraient les belles eaux de leurs territoires pour les conduire à travers tous les versants, renonceraient peut-être à l'émigration hivernale de certaines localités, triste coutume résultant de l'insuffisance des ressources.

Les prairies trop élevées, pour être exploitées

d'une façon lucrative, redeviendraient pâturages; les communaux réglementés deviendraient l'objet d'exploitations semblables à celles que dirigent si habilement tant de propriétaires de la Savoie.

Heureuses et satisfaites, les communes rendraient d'elles-mêmes à la forêt les pentes dénudées et presque improductives d'où elle n'aurait jamais dû disparaître.

Mais, Messieurs, pour l'œuvre pastorale, il faut trouver des capitaux, construire des bâtiments de fabrication, des chalets, des canaux, il faut réunir des hommes dirigeants, grouper une certaine somme de zèle, de dévouement, de lumières. C'est, croyons-nous, une Société à la fois financière et d'encouragement qui, sous le nom de Société d'économie alpestre, exécuterait le mieux ce programme. Son rôle serait de diriger l'emploi des subventions que l'Etat peut allouer désormais pour améliorations pastorales, en vertu de la loi de 1882 sur la restauration des montagnes, en raison de l'intérêt public qu'elles présentent et de leur intime liaison avec le rétablissement des forêts et des gazons sur les pentes dégradées, et elle compléterait ces subventions par des prêts à intérêt modéré aux Sociétés naissantes, syndicats d'irrigations, associations laitières, etc.

Cette même Société engagerait les communes à employer en améliorations pastorales les fonds que quelques-unes d'entre elles recevront de la vente à l'Etat des terrains à reboiser qu'elles devront céder en vertu de la loi de 1882.

On déterminerait ainsi un mouvement d'ensemble et de totalité qui parviendrait plus aisément à fonder un régime pastoral et rationnel dans tout un département, que des efforts isolés dans une même commune.

On aiderait les associations affiliées à se procurer des débouchés avantageux qu'elles ignoreraient longtemps si on ne dirigeait pas leurs premiers pas.

Quelle serait la base financière de la Société ?

Les actions devraient être accessibles aux petites bourses rurales et ne pas dépasser 100 francs.

Pendant quelque temps, on peut espérer des subventions égales à la moitié des capitaux nécessaires. Il en résulterait qu'en faisant payer aux emprunteurs 3 0[0 seulement de la dépense totale, on pourrait, en faisant de ces 3 0[0 deux parts : l'une de 2 1[2 0[0, l'autre de 1[2 0[0, on pourrait rémunérer à 5 0[0 la seconde moitié avancée par la Société financière et amortir à 1 0[0 cette même moitié, ce qui libérerait les emprunteurs en 40 ou 50 ans.

On s'efforcerait de recruter les actionnaires dans les communes appelées à profiter plus spécialement d'améliorations pastorales, et l'on en trouverait aisément dans les localités ou l'émigration hivernale amène de l'argent qu'on ne sait pas toujours employer de la façon la plus utile.

Les fonctions de la Société seraient gratuites évidemment.

Les subventions de l'Etat n'auront certainement qu'un temps ; justifiables pour imprimer un élan, déterminer un progrès donné, elles ne le seront plus une fois qu'un certain nombre d'exemples d'améliorations se trouveront réalisés. Mais une fois ces avantages temporaires supprimés, notre Société resterait et continuerait à stimuler par son initiative les localités retardataires. Prêteurs et emprunteurs s'entendraient sur un taux d'intérêt de plus en plus réduit au fur et à mesure que le succès des premières entreprises démontrerait la sécurité du placement.

Toutefois, il y a lieu d'examiner s'il ne vaudrait pas mieux, au lieu d'une importante et nombreuse Société, se contenter de petites associations restreintes à la commune ; l'argent prêté par les uns ne serait alors employé que sous leurs propres yeux, à des œuvres dont ils profiteraient les premiers. Mais, dans ce cas, il faudrait au chef-lieu d'arrondissement ou de département un comité pour les diriger toutes.

Ces idées avaient été écrites déjà et développées dans ce pays, quand une brochure nous apprit qu'en Italie et en Allemagne des institutions analogues existaient et avaient reçu la consécration d'une expérience déjà longue.

Je termine par quelques citations que j'emprunte à l'auteur de cette brochure, M. de Laveleye, professeur à l'Université de Liège :

« Les banques rurales du crédit agricole, qui portent le nom de Raiffeisenschen-Darlehn-Kassenvereine, sont établies sur des bases très semblables à celles des banques populaires. Tous les associés sont solidairement responsables, et, en général, elles ne font des avances qu'aux sociétaires. Elles restreignent leurs opérations à la commune où elles sont établies. C'est une grande garantie de sécurité, car ainsi la situation des emprunteurs est généralement bien connue. Aussi les pertes sont-elles insignifiantes. Elles ont traversé sans encombres les deux guerres de 1866 et de 1870. Les présidents et les administrateurs ne touchent point d'honoraires. Le caissier-teneur de livres est seul rétribué. Toute l'administration se fait ainsi de la façon la plus économique.

« Les services indirects rendus par ces banques locales sont considérables. Partout où elles se sont établies, elles ont mis fin à l'usure : elles ont constitué des centres de progrès économique. Souvent il se forme, dans le local même de la Banque ou dans le voisinage, ce que les Allemands appellent un casino, c'est-à-dire un cercle, où les membres se réunissent pour causer, se distraire et s'instruire. A la tête du casino se trouvent le médecin, le notaire, le garde général ou même parfois le curé. On s'y entretient régulièrement des améliorations à faire ; on signale les exemples de succès ; on discute les mérites de tel ou tel procédé ou de telle ou telle race d'animaux domestiques. On cite un livre ou un article d'un journal agricole qu'on examine.

Fréquemment, quelques cultivateurs s'entendent pour acheter en commun des engrais, des instruments aratoires ou un reproducteur. Ils s'engagent solidairement pour emprunter à la Banque la somme nécessaire. La garantie est parfaite et le progrès réalisé... »

Dans son voyage de dix jours en Italie, M. Léon Say n'a pas témoigné moins d'admiration pour l'organisation du Crédit rural italien :

« Les choses que j'ai vues, dit-il, sont-elles de nature à être transportées chez nous ? J'en doute un peu. Mais ce qu'il faut retenir avec soin, ce sont les principes qui les font naître : l'initiative, la décentralisation, le dévouement aux intérêts des classes laborieuses. »

Qu'il nous soit permis, Messieurs, au moins pour les pays alpestres, où quantité d'anciennes coutumes démontrent que l'esprit d'association est beaucoup plus développé qu'on ne le croit généralement, qu'en tout cas il l'a été jadis, que s'il sommeille aujourd'hui on le réveillerait aisément ; qu'il nous soit permis de ne pas partager le doute de l'éminent homme d'Etat.

Encouragé par M. le président de la Société centrale d'agriculture de la Savoie, encouragé par mes chefs de l'administration des forêts, nous sommes venu vous exposer ces idées, convaincu qu'aucune occasion de les soumettre à un sérieux examen, à de judicieuses réflexions et à faire leur chemin dans les Alpes, si elles le méritent, ne pouvait être mieux choisie que cette réunion des représentants de tant de Sociétés dont les travaux, dans leur diversité, convergent cependant tous vers un même but, le progrès en Savoie dans toutes les branches de l'activité sociale, et dont le concours n'a jamais fait défaut aux œuvres marquées au coin de l'utilité publique.

F. BRIOT,
Inspecteur forestier.

ETYMOLOGIE DU MOT HUGUENOT

A M. EUGÈNE RITTER

Communication faite au Congrès scientifique savoisien de Montmélian, août 1885.

Par M. A. CONSTANTIN

De tous les mots français il n'y en a pas un, que je sache, qui ait fait couler autant de flots d'encre que celui-là, et malgré toutes les recherches et toutes les discussions auxquelles il a donné lieu, les opinions sont encore bien partagées.

Il y a une vingtaine d'années, Littré donna la sienne dans son *Dictionnaire de la langue française*, au mot *Huguenot*. Après avoir rappelé, sans les discuter, les différentes étymologies qui avaient été successivement proposées, Littré ajoute :

« Une étymologie plus vraisemblable qu'on a indiquée est le mot allemand *Eidgenossen*, confédéré ; de *Eid*, serment, et *Genosse*, compagnon ; la forme *aignos* dans les Mémoires de Condé l'appuie. Mais on a objecté que le sens n'était pas favorable à cette étymologie, *confédérés* s'appliquant mal à une secte religieuse ; que ce mot ne constituerait pas un terme d'injure, comme les Calvinistes l'envisageaient eux-mêmes, et qu'il ne pourrait s'appliquer qu'aux Suisses protestants, qui pourtant n'ont jamais porté ce nom ; *eidgenossen* est le titre que se donnent les citoyens de la Suisse tant protestants que catholiques. Ce qui achève de la ruiner, c'est que le mot *huguenot*, du moins comme nom propre, est antérieur de deux siècles à la réforme... Ce fait donne, on peut dire, la certitude à la conjecture de Mahn qui, sans le connaître, a dit que *huguenot* est un diminutif de Hugues, et que le nom, en tant que terme d'injure, se rattache à quelque hérétique de ce nom. »

Rien n'est venu jusqu'à présent confirmer l'existence de quelque hérétique de ce nom, ce qui contribue peu à changer en certitude la conjecture de Mahn.

Peu satisfait de cette solution, un jeune professeur de l'Université de Genève soumit à Littré toute une série de textes établissant la provenance de ce mot par l'allemand *eidgenossen*. Celui-ci les reproduisit dans le *Supplément* (1877) à son dictionnaire, ainsi que les arguments que M. Eugène Ritter en tirait ; mais il ajouta ces malencontreuses paroles : « En définitive, M. Ritter pense que l'origine de *huguenot* est dans *eidgenossen*, mais assimilé à un nom propre connu. Son argumentation est plausible, *mais certaine, non.* »

Tout le monde ne fut pas de l'avis de Littré; quelques-uns donnèrent raison à M. Ritter, mais ce fut le petit nombre ; la plupart s'en tinrent aux paroles du maître : Son argumentation est plausible, mais certaine, non.

Ayant découvert quelques nouveaux textes qui appuient la thèse de M. Ritter, je crois bon de les publier et de réunir ici tous les textes connus qui parlent en faveur de son opinion.

Littré nous dit en terminant l'article précité : « La certitude ne s'acquerrait que si l'on savait où « le mot *huguenot* a d'abord été usité: si c'est sur les « frontières suisses, la provenance par *eidgenos* est « confirmée ; si c'est dans le centre de la France, « c'est la provenance par *Huguenot* (nom d'homme). »

La question étant ainsi posée par Littré lui-même, il ne me reste qu'à laisser parler les documents ; je les donne dans l'ordre chronologique, en indiquant par un astérisque ceux que M. Ritter a produits.

1° 1518. * Dans les *Chroniques de Genève*, écrites avant 1551, Bonivard parlant des événements de 1518, dit : « Et alloient criant les enfants : Vivent les *eiguenots!* voulant dire les *eydguenoss*, qui signifie en allemand les ligués ou alliez, duquel nom s'appellent les Suisses en général. Ceulx qui tenoient le parti des princes (de Savoie) à ceste cause par moquerie les appeloient les *eidguenotz.* »

2° (1520). La première mention à nous connue du terme *Eydguenot* se trouve dans le compte rendu de la séance du Conseil du 3 mai 1520. Dans le procès de Benoît Toquet,en 1521, le parti des indépendants est appelé *Ayguinoctica secta*. (G.-B.-M. Galiffe, Besançon Hugues, p. 42.)

Dans le *Journal de Balard*, écrit entre 1525 et 1532, on trouve plusieurs passages où se rencontre ce mot,

3° (1526).«Le derrier jour d'apvril (1526) Messieurs les syndiques et conseil conclurent en cest affayre de fayre responce que sil y avoit été fait quelque exès aux subjectz de Monsr le duc par ceux de Genève, que ce nestoit point de leur sceu voloir ny consentement et que s'il y avoit quelque plaintif, qu'il feroient bonne justice tant qu'il touche de leur pouvoir et devoir. Aussi pareillement que Monsr le duc mist tel ordre en ses pays que ceulx de Genève ne fussent point oultragés leurs disant *traitres aiguenot*, lequel oultrage et injure ne pourroient endurer. (P. 60.)

4° (1526). « Ceulx dedans la ville, dit Balard en parlant d'une mesure prise par le Conseil, le 7 septembre 1526, appelloient à ceulx de dehors Mamellus (mamelouk), et ceux de dehors appeloient à ceulx de dedans *Ayguenot*. Ces deux parties (partis) se commanserent en 1519.» (P. 72.)

5° (1527). Plus loin (p. 100), en parlant des événements de 1527, il est question d'un certain Mathelin, sujet du duc et meurtrier d'un bourgeois de Genève, qui « se tenoit à une ou deux lieux près de la Ville, allant et venant çà et là, la toujours menassant que tant qu'il rencontreroit des Ayguenots de Genève, il les mettroit sur les carreaux. »

6° (1535). Dans le *Levain du Calvinisme*, écrit par sœur Jeanne de Jussie à Annecy, en 1549 (1), le mot *huguenot* se rencontre dans deux passages, savoir :

* « L'an 1535, au mois de septembre, se rassemblèrent les gentilshommes... ; ils pillèrent et emportèrent tout ce qu'ils purent trouver appartenant à ceux de Genève que l'on appelait *enguenot* (c'est un mot allemand), c'est à dire en françois *bon allié*. (P. 7.)

7° « (1532). En ce mesme mois de février (1532) fut de rechef tenu un autre Conseil entre ceux de Berne et de Fribourg, et conclurent ceux de Genève que nullement ne seroient subjects à Monseigneur et qu'ils tiendroient leur alliance Euguenotte. » (P. 38.)

(1535). Dans la *Déploration de la cité de Genefve sur le faict des hérétiques qui l'ont tyranniquement opprimée*, écrite vers 1536 par Jean Gacy, originaire de Cluses (Haute-Savoie), on rencontre le mot en question dans deux passages.

(1) M. J. de Mercier, dans sa *Notice sur les Clarisses de Genève et d'Annecy*, a parfaitement établi que Jeanne de Jussie était originaire de Jussy-l'Evêque, qui à cette époque relevait du duc de Savoie; quant à la date de 1549, il ne la donne que sur la foi d'une note qui se trouve à la fin du manuscrit qu'il a utilisé pour rédiger sa *Notice sur les Clarisses*. (V. pages 24 et 35.)

L'auteur met dans la bouche de Genève les paroles suivantes :

8° Les *Anguenots* m'ont fait sédicieuse (Vers 112.)
9° * Mieux me seroit si je esto ie soubz France
On obéisse à mon naturel prince ;
Je n'eusse pas fourvoyé, ne prince ce
Chemin oblique, devenant anguenotte,
De deshonneur perpetuelle note.
Las ! je ne fusse par ces maudits livrée
A hérésie, ains de mal délivrée.

Arrêtons-nous ici un moment pour résumer ce que nous apprennent ces documents.

Selon Bonivard, le mot prit naissance en 1518. Pour celui qui connaît l'histoire de cette époque, il n'y a aucun doute que ce fut le 11 novembre, à la suite de la mémorable séance de ce jour, où l'ambassadeur de Fribourg dit en plein conseil que MM. de Fribourg l'envoyaient pour la cinquième fois à Genève pour l'affaire de Berthelier (emprisonné, ainsi que Bonivard, par le duc de Savoie), que « les seigneurs de Fribourg connaissent qu'en cette affaire le duc de Savoie et Mgr l'évêque de Genève disent une chose et en font une autre, et toujours au désavantage dudict Berthelier, leur bourgeois et citoyen de Genève, et contre lesdites libertés, lesquelles ils s'offrent de défendre. » (*Journal de Balard*, p. IX.)

On comprend que cet énergique et hardi langage, tenu en plein conseil, ait trouvé de l'écho dans la vieille cité allobrogique, et que ce soit la jeunesse qui ait fait retentir la première ce cri : Vivent les Eiguenots ! Les partisans du duc de Savoie et de l'évêque de Genève s'emparent du mot et le renvoient par moquerie à leurs adversaires.

L'affaire Berthelier passionne les esprits ; les partisans de l'alliance avec Fribourg gagnent des adhérents, de sorte que, le 6 février 1519, le conseil confirme le traité de combourgeoisie avec Fribourg. De ce moment la désunion, la division est complète, et les mots *mamelouk* et *eyguenot* sont des termes d'injure en vogue.

L'année suivante, 1520, ce dernier mot se rencontre déjà dans un acte public ; de même en 1521, avec la signification de partisan de l'indépendance de Genève vis-à-vis de la Savoie.

A mesure que le parti des indépendants devenait plus fort, le parti contraire avait à subir des vexations. Ne se sentant plus en sûreté dans la ville, il commença à se retirer dans les environs. (Il faut savoir qu'à cette époque la juridiction du duc de Savoie s'étendait pour ainsi dire jusqu'aux portes de la ville.) De là, la nouvelle acception que prend le mot *eyguenot*, en 1526 : « Ceux dedans la ville appeloient à ceux de dehors mamellus et ceulx dehors appelloient à ceulx de dedans ayguenots. »

Dix ans après, 1536, nouvelle évolution dans l'acception du mot. Que s'était-il passé ? Un événement des plus importants : Genève venait d'embrasser la Réforme (10 août 1535). Donc, aux yeux de ceux *du dehors*, ceux *du dedans* étaient des hérétiques. C'est dans cette acception qu'on le trouve déjà dans Jean Gacy, qui a écrit, vers 1537, sa *Désolation de la cité de Genefve sur le faict des* HÉRÉTIQUES *qui l'ont tyranniquement opprimée.* De quels hérétiques s'agit-il, si ce n'est des *Anguenots* qui *l'ont livrée à l'hérésie*? Le sens primitif de partisan de l'indépendance de Genève à l'égard du duc de Savoie se trouve encore dans le vers de Jean Gacy : « Les Anguenots m'ont fait sédicieuse », mais dans la citation suivante, n° 9, *anguenotte* a bel et bien une signification nouvelle, celle d'hérétique. Pour lui, ancien aumônier des Clarisses, qui a courageusement défendu sa croyance jusqu'aux derniers moments, peu lui importe que Genève appartienne à la France ou à la Savoie; le grand mal est de passer à l'hérésie; la *perpétuelle note de deshonneur* pour Genève, c'est de devenir *anguenotte.*

M. Ritter, qui a cité Gacy et signalé cette nouvelle acception d'*anguenot*, me semble n'avoir pas été assez affirmatif à cet égard. Il convient d'insister sur la nouvelle signification qu'il prend à partir de la Réforme, parce qu'elle sert de transition naturelle à celle de *calviniste* et qu'elle montre comment le mot allemand *eidgenossen* a pu devenir un terme d'injure et en même temps désigner une secte religieuse.

Comme on le voit, il y a peu de mots qui aient un historique aussi complet et aussi satisfaisant que celui-là. Les recherches de M. Ritter se sont principalement portées sur les auteurs savoyards : Bonivard, J. de Jussie, J. Gacy, et les miennes sur les auteurs genevois : Balard et Galiffe ; il y a concordance parfaite entre les unes et les autres, point important qu'il est bon de signaler.

Il me reste à rechercher dans les auteurs français à quelle époque le *eyguenot, anguenot* ou *huguenot* paraît pour la première fois et avec quelle signification.

Citons d'abord le poète Marot, qui nous fournira un passage dont il convient de prendre note. Accusé ou soupçonné d'être favorable aux idées nouvelles, Marot dit à son ami Bouchet :

> ... Point ne suis luthériste,
> Ne zuinglien et moins anabaptiste.
> (Edition princeps, 1538. Dolet, imprimeur.)

Ne pourrait-on pas inférer de ce passage que le mot *huguenot* n'avait pas encore cours en France en 1538? Quoi qu'il en soit, Littré n'a trouvé ce mot dans aucun récit antérieur à 1560 ; dans la lettre du cardinal de Lorraine (10 juin 1560), comme dans celle du comte de Villars (11 novembre 1560), il a le sens de *calviniste* et s'écrit *huguenaulx*. Evidemment, on peut en induire que si on ne le trouve pas avant cette date, c'est qu'il n'était pas encore entré dans la langue. Ce n'est qu'une preuve négative, je l'avoue ; d'un jour à l'autre, il peut surgir de nouveaux documents plus anciens ; mais en voici une positive, qui confirmera les preuves négatives et clora, je l'espère, les débats. C'est M. Eugène Ritter qui l'a découverte dans les *Recherches de la France* VII, 52, de Pasquier :

« Or nous est le mot *huguenot* très-familier..., et « toutefois peu de personnes se sont avisez dont « *(d'où)* il a pris son origine et en parle mesmement « un chacun diversement... (Suit l'énumération de « plusieurs hypothèses) ; et les derniers qui ont « voyagé ès pays estranges estiment que c'est un « mot emprunté du souysse (suisse) quasi comme « *hens quenaux*, qui signifie en ce pays-là gens sé« ditieux ; bref, chacun en devise à son appétit ; et « néantmoins, pour en dire ce que j'en pense, sans « flatterie, mocquerie ou maltalent, je croy qu'il n'y « a celuy de nous qui ne recognoisse franchement « que la première fois que ce mot commença d'estre « cogneu de toute la France, ce fut après la faction « d'Amboise de l'an 1559...et je vous puis dire que « huict ou neuf ans auparavant l'entreprise d'Am« boise je les avois ainsi ouy appeler par quelques « miens amis tourangeaux. »

Ce passage est précieux à plus d'un titre; il pourrait à la rigueur clore la série des documents. En effet, il nous montre que Pasquier avait eu vent des *hens quenaux* vers 1550, et que le mot ne se répandit en France qu'en 1559, après l'affaire d'Amboise. C'est donc en France que s'est produit le changement de Anguenot *(hens quenaux*, de Pasquier) en *huguenot*, et cela entre 1550 et 1560. Ce qu'il y a de remarquable, c'est qu'à peine venait-il de paraître en France, il était déjà couché sur le papier par le cardinal de Lorraine et par le comte de Villard, en 1560, Dès lors, on le rencontre presque toujours avec l'orthographe actuelle et toujours avec la signification de calviniste. Ainsi dans la partie des *Chroniques et Annales de France*, de Nicolas Gilles, qui a été écrite par F. de Belleforest avant 1572, on trouve les passages suivants :

« En ce mesme mois (nov. 1559) fut fait edict pour « obvier à quelque commencement de séditions.., « Et jaçoit que iceux (*quoique les ennemis person-* « *nels des ministres*) ne fussent affectez à celle opi- « nion que DEPUIS on a appelé Huguenotte, ou pré- « tenduë religion reformee, si est-ce qu'ils favori- « soient ceux qu'on en estimoit atteints. » (P. 469 a.)

« Quoy qu'il en soit, le Roy de Navarre se déclara « tout contre les Huguenots, car ainsi appeloit- « on les Calvinistes. » (P. 478 *b.*)

« En ce mesme moys de may (1564) trépassa le « chef et patriarche de la Loy qu'on appelle hugue- « notte, Jean Calvin, à Genève. » (P. 483 a.)

L'ensemble des documents que je viens de produire montre clairement que, dès l'apparition du mot, tous les auteurs sont unanimes à reconnaître sa provenance allemande, qu'il a été successivement détourné de son sens primitif, reflétant fidèlement dans ses évolutions les différentes phases de l'histoire de Genève, et qu'il n'est entré en France que plusieurs années après qu'il eut pris le sens d'hérétique, puis de calviniste.

Je crois par conséquent tout à fait inutile d
m'étendre davantage à ce sujet ; la provenance pa
eidgenoss est établie aussi solidement qu'on peut l
désirer. Aussi, ne me permettrai-je plus qu'un
seule observation.

Francis Wey commence son *Histoire des révolu
tions du langage* par ces paroles : « L'histoire de
« mots contient celle des idées : organes de l
« pensée humaine, instruments des luttes intellec
« tuelles, les langues racontent les civilisations
« Elle nous fait retrouver ce que les chroniqueur
« laissent le plus à désirer : la fidèle image de
« mœurs, les événements obscurs et dédaignés d
« l'existence du peuple. »

N'est-ce pas le cas de terminer cette dissertatio
par ces paroles, en les appliquant au mot en ques
tion, qui a aujourd'hui un historique aussi comple
et aussi instructif qu'on peut le désirer ?

A. CONSTANTIN,

Secrétaire de la Société florimontane d'Annecy

LÉGENDE & TRADITIONS

SUR

L'ÉGLISE DE SAINT-BON

(Tarentaise)

PAR M. J. GUILLOT

Curé de Saint-Bon.

La paroisse de Saint-Bon faisait primitivement partie de la paroisse de Bozel : l'unanimité des traditions locales et la multiplicité des monuments ne permettent pas d'en douter.

Le partage n'a même point encore obtenu tout son effet., s'il faut en croire les chroniqueurs du pays :

Après bien des contestations et des procédures, les gens de Bozel parurent devenir plus accommodants : ils cédèrent aux gens de Saint-Bon, dans la combe des Avals, de vastes terrains que ceux-ci convoitaient pour arrondir leurs pâturages ; toutefois, ils s'en réservèrent les bois.

Qu'ils aient agi de ruse ou qu'ils fussent de bonne foi au moment de la transaction, plus tard les gens de Bozel ménagèrent et maintinrent les bois au lieu de les détruire ; de sorte que la commune de Saint-Bon attend toujours l'élargissement de ses pâturages.

On ne connaît pas la date précise de l'érection de la paroisse de Saint-Bon et de la construction de son église ; mais des documents sérieux permettent d'en déterminer approximativement l'époque.

Une ordonnance émanée, vers l'an 1170, de saint Pierre II, archevêque de Tarentaise, et la bulle : *In Apotoslicæ Sedis specula,* du pape Alexandre III, signée le 15 février 1171, énumèrent soigneusement les églises de Tarentaise, *sans mentionner celle de Saint-Bon ;* elle n'existait donc pas à ces dates.

Elle ne pouvait même pas être créée l'an 1198, car (je l'exposerai plus loin) le jour de l'intronisation de saint Bon dans sa nouvelle paroisse est remarquable encore par l'établissement d'une confrérie du Saint-Esprit ; mais on sait, par l'histoire, que l'ordre du Saint-Esprit, d'où naquirent les confréries du même nom, se forma vers la fin du XIIe siècle, sous l'initiative de Gui, fils de Guillaume, comte de Montpellier, et fut seulement approuvé par Innocent III, à la date précitée de 1198.

D'un autre côté, la bulle : *Justis petentium desideriis* , expédiée par Alexandre IV le 3 novembre 1257, mentionne un desservant à Saint-Bon : *Jacobo capellano de Sancto Boneto ;* et Rodolphe I, archevêque de Tarentaise, par son ordonnance du 30 août 1258, attribue à ses chanoines réguliers *les vingt sous de l'église de Saint-Bon : Et cum viginti solidis Ecclesiæ Sancti Boneti.*

De ces rapprochements, il résulte que la paroisse de Saint-Bon aurait été constituée entre 1198 et 1257, c'est-à-dire dans la première moitié du XIIIe siècle.

L'édifice destiné au culte est agréablement situé au centre de la paroisse ; il occupe, dit-on, l'emplacement d'une chapelle dédiée à Saint-Michel archange ; son altitude mesure 1,100 mètres.

Deux villages, parsemés de maisons bourgeoises, l'avoisinent au nord-est et au sud-ouest. Bien que d'une importance inégale, chacun de ces villages prétendit devenir le chef-lieu ; à la longue, le patriotisme fit plier la logique, et Saint-Bon eut deux chefs-lieux, vulgairement dits : le Chef-Lieu d'en bas et le Chef-Lieu d'en haut.

Les anciens du pays racontent que l'église donna lieu à de vives contestations : les habitants des Chefs-Lieux voulaient qu'elle fût construite au milieu d'eux, sur l'emplacement de l'oratoire ou chapelle de Saint-Michel ; les habitants des quartiers supérieurs : Praz et Frênay, Jéraz et Montcharvet, tenaient à ce qu'elle fût élevée sur un petit plateau distant d'environ 140 mètres de la chapelle de Saint-Michel, dans la direction Est-Sud.

Comme ils étaient les plus nombreux, ils l'emportèrent.

Déjà le terrain avait été préparé et quelques matériaux y avaient été portés ; quand, un beau matin, les travailleurs, stupéfaits, trouvèrent l'emplacement déblayé et les matériaux amoncelés autour de la chapelle de Saint-Michel.

Pourtant, ils ne se déconcertèrent pas : ils reportèrent les matériaux à leur place et reprirent activement leur projet ; mais la merveille se renouvela plusieurs fois de suite.

Il eût été facile de supposer que les habitants des Chefs-Lieux, vivement contrariés de ce que l'église allait être construite à quelque distance d'eux, dans une position continuellement battue par les vents du Nord, déplaçaient les matériaux au cœur de la nuit et devenaient eux-mêmes les auteurs de la merveille.

Mais on crut plutôt, ou l'on feignit de croire à une intervention surnaturelle : c'était l'archange saint Michel qui faisait les ports, et la Providence qui déterminait l'emplacement de la nouvelle église. On s'inclina pieusement devant cet arrêt, et la chapelle de Saint-Michel devint l'église paroissiale.

Quand les travaux furent achevés, survint une nouvelle difficulté : Saint Michel, dirent ceux qui paraissaient les plus avisés, ne peut servir de patron ; c'est un ange, il n'a pas laissé de reliques.

Cette observation parut décisive, et l'on résolut d'introniser un autre patron.

Il est probable que, dans les pourparlers qui s'engagèrent à ce sujet, plusieurs noms illustres furent mis en avant, car la population de Saint-Bon, intelligente, active et habile au commerce, a, de temps immémorial, parcouru la France pendant les longs mois d'hiver; elle connaissait par conséquent les saints les plus accrédités dans ce religieux pays.

Toutefois, celui dont le nom flatta le plus leurs oreilles et excita le plus de sympathie, fut saint Bon, jadis gouverneur de Provence, puis évêque de Clermont en Auvergne.

Une députation solennelle, formée des notables de la paroisse, fut envoyée au nouvel évêque de Clermont. Ils eurent le bonheur d'obtenir un pouce de saint Bon (quelques-uns disent les deux pouces). Chargés de ce précieux fardeau, ils revinrent joyeux dans leur pays; ils y arrivèrent le 6 juin, jour de saint Claude, et furent reçus dans les transports de la plus vive allégresse.

Pour garder la mémoire de ce beau jour et mieux exprimer leur reconnaissance envers la Providence, ils décrétèrent immédiatement l'établissement d'une confrérie du Saint-Esprit, qui célébrât, à perpétuité, sa fête le jour de saint Claude.

Les traditions locales restent muettes sur les vicissitudes par lesquelles dut passer l'église de Saint-Bon depuis sa construction jusqu'au XVIIe siècle.

Mais les vieillards ont appris de leurs ancêtres et racontent qu'elle subit alors de grandes transformations.

D'abord, orientée canoniquement de l'ouest à l'est, elle avait l'entrée du côté de la montagne et le chœur sous le clocher; c'est le contraire aujourd'hui.

L'un des vieillards qui me parlaient de ce changement, me faisait observer que, autrefois, sa famille avait sa place au fond de l'église, mais que, chacun ayant voulu garder le vas de ses ancêtres, elle se trouve actuellement au sommet, devant la sainte Table.

On donne, pour motif de cette transformation, l'exhaussement de l'entrée de l'église, occasionné par l'éboulement du terrain.

Ces différentes traditions sont confirmées, au moins dans leurs parties principales, par des faits toujours subsistants ou par des documents écrits.

C'est ainsi que le tableau du maître-autel atteste la vérité de ce que j'ai rapporté sur les origines de Saint-Bon.

Il représente trois sujets : on voit, au sommet, l'Assomption de la B. Vierge : c'est un souvenir de l'église de Bozel, dont l'Assomption est le titulaire ; on voit, dans un plan inférieur, l'archange saint Michel, dont la chapelle doit être couverte par l'église de Saint-Bon ; on voit, plus bas encore, mais à droite de la sainte Vierge, saint Bon en habits pontificaux ; il regarde l'Assomption dans l'attitude d'un homme qui arrive et reçoit une charge dont il se croit indigne : c'est l'intronisation du nouveau patron.

Ce que l'on raconte de l'emplacement d'abord choisi pour la construction de l'église est également vraisemblable, car cet emplacement a retenu, jusqu'à présent, la dénomination de *Place* ; et, comme il y a une dizaine d'années, on y faisait la vérification des terrains pour y transporter le cimetière, on reconnut qu'une parcelle considérable appartenait déjà à la commune. Il est naturel de croire que c'est l'espace jadis préparé pour recevoir l'église.

Quant à l'histoire de la translation des reliques de saint Bon, elle atteint presque les limites de la certitude.

En effet, l'église de Saint-Bon possède encore le pouce de son titulaire, bien authentiqué; un contrat du 14 juin 1658 mentionne une rente en faveur de « la dévote confraternité de la translation de saint Bon, qui se solemnise annuellement le jour de saint Claude. » Ce contrat fut renouvelé le 31 août 1664, et porte, cette fois, qu'il appartenait à la confrérie du Saint-Esprit. Une donation importante du 8 juin 1682, mentionne plusieurs fois la confrérie du Saint-Esprit. Une note de R^d^ Germain Brun, signée le 19 février 1731, déclare que les dix-huit contrats obligatoires signalés dans la donation précédente, provenaient des confrères du Saint-Esprit, dits aussi confrères de Saint-Claude, parce que leur « Assemblée a commencé le jour du transport du pouce de saint Bon » ou jour de saint Claude.

Enfin, relativement à la transformation opérée dans le XVIIe siècle, elle dut être occasionnée par la vétusté de l'ancienne église et par l'augmentation de la population.

Comme la tradition n'assigne qu'une cause, l'éboulement des terrains supérieurs, on pourrait objecter que la nature de ces terrains exclut l'idée d'un éboulement désastreux. Mais la pente de la colline et les eaux pluviales permettent de supposer une descente insensible des terres. Cela est d'autant plus admissible que l'on a constaté l'existence de fontaines au sud-est de l'église, et que l'on a pratiqué un canal souterrain pour en écouler les eaux.

Au reste, si les archives paroissiales ne renferment pas le plan de cette transformation, elles ont gardé les originaux de nombreux prix-faits pour la fourniture de la chaux, du gypse ; pour la façon des portes, la construction d'une nouvelle chapelle....., démontrant que l'église de Saint-Bon a été complètement restaurée entre l'an 1660 et l'an 1675. Aujourd'hui encore, on voit gravé sur la porte principale le millésime 1673.

Malgré cela, les traditions que je viens de relater ne s'élèvent pas à la hauteur de faits historiques ; mais elles m'ont paru assez intéressantes et suffisamment appuyées pour être écrites et communiquées à cette docte assemblée.

NOTES

POUR SERVIR A LA BIBLIOGRAPHIE DE MONTMÉLIAN

1° Le siège de la ville et citadelle de Montmellian en Savoie, fait par le Roy de France, 1600, — par C. Chastillon. (Cette gravure a été reproduite par la *Sabaudia.*)

2° Le bourg et chasteau de Montmellian. (Cette pièce a été faite par le même graveur que la précédente, C. Chastillon. Elle a été prise d'un autre point, probablement du côté de La Pérouse.)

3° Autre vue de Montmellian. (Pièce anonyme et plus récente que les deux premières. Le prieuré d'Arbin y est représenté. *(Est au Musée départemental).*

4° Veue de Montmellian du costé de La Pérouse; — à Paris, chez le sieur de Fer, avec privilège du Roy, 1601. (Cette vue est beaucoup plus étendue que les premières; on y voit le prieuré d'Arbin, le clos des Capucins, Francin, etc.)

5° Bombardement de Montmellian par l'armée du Roy, commandée par monsieur de Catinat, 1691, rendu par capitulation le 21 décembre 1691.

En haut de la pièce on lit :

« Prise de la ville et citadelle de Montmellian assiégée le 20 novembre, et réduit le Gouverneur à capitulation, à sortir de la place et sa garnison avec armes et bagages et trois pièces de canon et escortés jusqu'à *(sic)*. »

M. de Catinat et son état-major à cheval y sont représentés sur le premier plan. *(Est au Musée départemental.)*

6° La forteresse de Montmellian prise par Monsr de Catinat le 21 Déc. 1691. S. Le Clerc F. (Superbe gravure de Sébastien Le Clerc. La citadelle figurée sur un rocher, est traînée devant la Cour de Versailles. Une femme personnifiant la ville est assise sur un rocher dans l'attitude de la Tristesse. (Cette pièce a été reproduite par le *Magasin pittoresque*.)

J'ai le plaisir de faire passer sous vos yeux cette magnifique vue (*Arx et oppidum Montis Meliani*), qui a été gravée à l'eau-forte en 1675, par le célèbre Romain de Hooghe, appelé justement le Callot de la Belgique.

La ville et la citadelle sont vues du côté de l'orient. On y voit le nouveau pont de pierre, l'église paroissiale de Sainte-Marie, l'église et le couvent de Saint-Dominique, celui des Capucins, le refuge de la Charité et la porte du côté de Chambéry.

Lt RABUT.

A Messieurs les Membres

DU 7me CONGRÈS DES SOCIÉTÉS SAVANTES DE LA SAVOIE

RÉUNIES A MONTMÉLIAN LES 10 ET 11 AOUT 1885.

LE PINSON

Un jour, vous étiez en séance...
Un joyeux pinson d'alentour,
Bien qu'ayant fort peu de science,
Voulut y venir à son tour !

Il se hasarda, sans rien dire,
Dans quelque coin, timidement...
Et vous daignâtes lui sourire,
Graves penseurs, en ce moment.

En votre sein, ruche sacrée,
Chaque abeille apporte un butin...
Vous lui dites : — « Pour prix d'entrée,
« Chante, chante encor, gai lutin. »

« — Cet impôt n'a rien qui m'effraie...
« S'il ne faut, dit-il, que chanter,
« Approchez, pour que je vous paie,
« Approchez... pour mieux écouter... » —

Et, quittant brusquement son gîte,
Il fit entendre une chanson...
— De grâce, applaudissez-le vite,
Messieurs, c'était moi, le Pinson !

JEAN BERLIOZ.

TABLE DES MATIÈRES

Lectures des Membres du Congrès.

CHAMBÉRY
1886
IMP. C.-P. MÉNARD

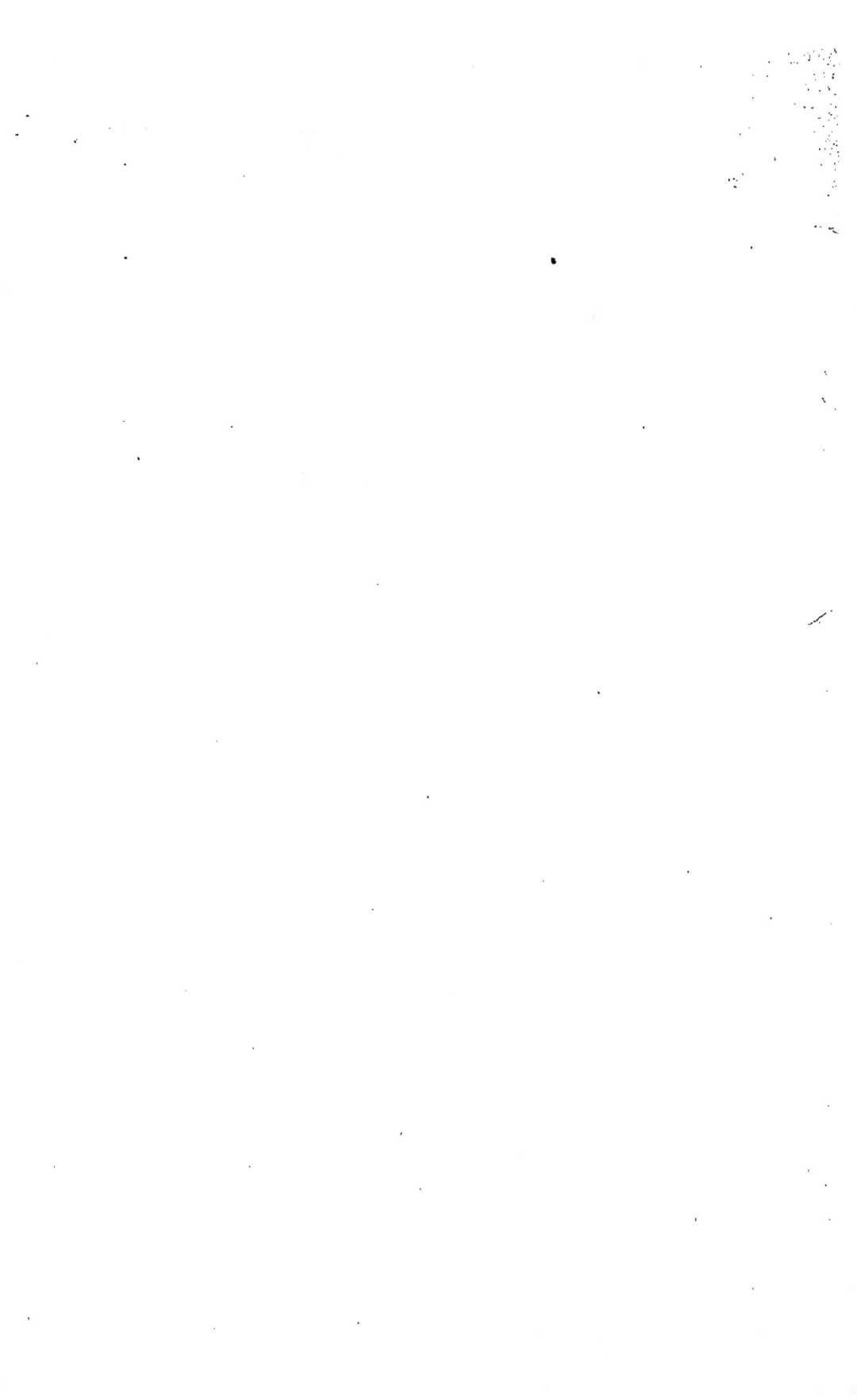

CONGRÈS

DES

SOCIÉTÉS SAVANTES

SAVOISIENNES

Tenu à Montmélian les 10 et 11 Août 1885

COMPTE RENDU

DE LA SEPTIÈME SESSION

PAR

M. Pierre TOCHON

Secrétaire général du Congrès.

CHAMBÉRY

IMPRIMERIE MÉNARD, RUE JUIVERIE, HÔTEL D'ALLINGES.

1886

www.ingramcontent.com/pod-product-compliance
Lightning Source LLC
Chambersburg PA
CBHW070809270326
41927CB00010B/2353